챗GPT4

제대로 알고 써먹자

챗GPT4 제대로 알고 써먹자

아빠가 아들에게 들려주는 챗GPT 이야기

지은이 이준호
발행처 도서출판 평단
발행인 최석두

등록번호 제2015-00132호
등록연월일 1988년 7월 6일

초판 1쇄 인쇄 2023년 4월 21일
초판 1쇄 발행 2023년 4월 28일

주소 (10594) 경기도 고양시 덕양구 통일로 140(동산동 376) 삼송테크노밸리 A동 351호
전화번호 (02) 325-8144(代)
팩스번호 (02) 325-8143
이메일 pyongdan@daum.net

ISBN 978-89-7343-554-8 (13320)

ⓒ 이준호, 2023, Printed in Korea

챗GPT 4

제대로 알고 써먹자

아빠가 아들에게 들려주는
챗GPT 이야기

이준호 지음

평단

유기풍 (한국전력국제원자력대학원대학교 총장, 전 서강대학교 총장)

한평생 대학교수로 살아온 칠순의 공학박사인 내게 불어닥친 챗GPT라는 인공지능의 물결은 섬뜩하기까지 하다. 문명의 대전환이다. 노인이지만 지식인의 자존감으로 MZ세대들과 대화의 장에서 쫓겨나지 않으려 열심히 챗GPT를 배우고 있다. 홍수처럼 쏟아지는 관련 책들이 내 지적 호기심을 쉽게 메워주지 못해 한구석이 허전했다. 그러다 이준호 작가의 『챗GPT4 제대로 알고 써먹자』를 차근히 살펴보았다.

기후변화에 대응하는 환경 커뮤니티 사업을 하는 저자의 이력도 반가웠고, 꿈을 향해 나아가는 학생들에게 챗GPT를 맞이하는 자세를 알게 해주고 무엇보다 교육 현장에서 챗GPT 시대를 어떻게 대응해야 하는지도 알려주는 유익한 책이다. 챗GPT로 촉발되는 인공지능 시대에 우리가 고찰해야 하는 내용을 때로는 환경과 때로는 교육 현장과 부드럽게 연결하며 아들을 생각하는 따뜻함까지 느껴져 어른을 위한 책인데 학생들에게 보여주고 싶게 만드는 매력적인 책이다. 나 같은 노인 세대는 물론 젊은 세대에게도 일독을 강추한다.

임인배 (15~17대 국회의원, 전 국회과학기술정보통신위원회 위원장)

IT강국 대한민국의 위상이 어느 순간 흔들리고 있다. 퍼스널컴퓨터 시절 운영체제os를 주도하지 못했고, 4차 산업혁명 시대에도 클라우드, 블록체인, 빅데이터 등 글로벌 위상을 만들어내지 못하고 있다. 이제 인공지능 시대를 맞이했지만 또다시 주도권을 놓칠 수 있다. 이 책은 우리가 주도권에 몰두하는 사이에 대한민국의 미래인 청소년들이 갈 길을 잃고 있다는 사실을 간과하면 안 된다는 경고를 매우 따뜻한 어조로 전하고 있다. 청소년 자녀를 둔 부모들뿐 아니라 인공지능의 미래를 설계하는 모든 사람이 꼭 한번 읽어봐야 하는 책이다.

전하진 (SDX재단 이사장, 19대 국회의원, 전 한글과컴퓨터 사장)

한글과컴퓨터 사장을 하던 시절 느꼈던 세상의 큰 변화를 요즈음 특히 느낀다. 4차 산업혁명 이후 산업화에 따라 편리해진 만큼 지구는 아파졌고 우리 시계는 초조하게 움직이고 있다. 챗GPT의 공개로 촉발된 인공지능 발전은 또다시 우리 삶을 편리하게 만들겠지만 인공지능이 가져올 인류의 또 다른 위기는 무엇일까 걱정이 되는 순간이다. 기후변화가 인류를 더 아프게 할지 인공지능이 지구를 더 아프게 할지는 지금 우리가 어떻게 하느냐에 달려 있다.

챗GPT가 일하는 방식과 산업구조 및 우리 삶을 어떻게 바꿀지 연일 기사가 넘쳐나고 신간이 쏟아져 나오지만 이 책은 챗GPT라는 인공지능 이야기를 함에도 내가 본 인공지능 관련 책들 중 가장 따뜻함이 묻어 있다. 첫 장부터 마지막 장까지 인문학서를 읽는 느낌으로 한번에 읽을 수밖에 없었다. 챗GPT에 관해 가장 쉬운 표현으로 쓰여서 기술에 대한 이해도가 없어도 술술 읽힌다. 무엇보다 챗GPT를 활용한 경험담이 실질적이어서 챗GPT를 삶과 업무에 적용하고자 하는 분들에게 좋은 지침서이다. 한편으로 이 책의 주인공인 '아들'이 커서 뭐가 될지 궁금해진다.

김영택 (TSID 서비스센터 수석고문, 전 김영편입학원 회장)

챗GPT가 세상을 집어삼킬 기세로 달려들고 있다. 이세돌 9단과 알파고의 대결에서도 이렇게 놀랍지 않았다. 거의 모든 분야에서 챗GPT와 함께하는 혁신이 일어나고 있는데 문제는 학생들에게 새로운 세상을 이해하고 받아들이라고 하기가 어렵다는 것이다. 이제 대한민국의 교육시스템과 선생님의 교육방식을 바꾸고 난 후 학생들을 설득해야 한다. 이 책은 챗GPT로 기회와 혁신을 말하는 사이 간과하면 안 되는 우리의 진정한 미래인 청소년들에게 부드러운 어투로 공감을 이끌어내면서도 동시에 어른들이 귀 기울여야 하는 부분을 잘 결합한 것이 흥미롭다.

엄준하 (한국HRD협회 회장, 월간HRD 발행인, HRD포럼 대표)

한평생 교육과 인력개발 분야에 전념을 해온 나에게 챗GPT의 출현은 효율을 넘어 혁명의 전율감을 느끼게 한다. 특히 저자가 세상은 앞으로 챗

GPT를 활용하는 자와 그렇지 않은 자로 양분될 것이라고 한 말이 내가 몸담아온 인력개발 분야에 강력한 임팩트를 준다. 챗GPT의 출현은 대한민국의 모든 교육시스템과 전통적 교육의 3요소인 교사, 교재, 교실의 역할을 완전히 바꾸어놓을 것이다. 이 책은 이들이 어떻게 바뀌어야 하는지와 주의해야 할 것이 무엇인지를 균형 있게 제시하고 있다. 전국의 교육과 인력개발 분야 현장에 있는 모든 분에게 이 책을 적극 권한다.

김일동 (미디어아티스트, 소설가, 『NFT는 처음입니다』 저자)

예술가로서 챗GPT를 처음 발견했던 그 순간이 기억난다. 사람들이 모두 놀랍다고 환호할 때, 그래봤자 수많은 검색의 조합일 뿐 창작의 영역을 넘보기란 결코 쉽지 않을 것이라 생각했다. 하지만 시간이 얼마 지나지 않은 지금 챗GPT가 그간 수많은 크레이터가 창조한 결과물을 조합해서 은유나 비유, 뉘앙스 같은 인간만이 가지는 정서적 의미의 표현까지도 그 수준이 진화하고 있는 것이 보였다. 이대로 시간이 좀 더 흐르면 어떻게 될까? 당연히 챗GPT가 스스로 온전한 창작을 한다는 것은 불가능하겠지만 그동안 인간의 역사에서 창작된 수많은 문장과 단어를 인간 수준을 월등히 능가하는 속도로 조합해낸 결과물이 등장해 어느 누구에게는 마치 새로운 창작물인 것처럼 느끼게 하는 상황까지도 올 수 있을 것이다. 이 책의 흥미로운 점은 챗GPT 이야기를 산업, 기술 현장의 전문가들 외에 저자 자신의 아들, 즉 미래세대와 함께 체험하고 고민한 에세이 형태로 전개된다는 것이다. 챗GPT의 활용이 당연시될 미래세대는 지금까지 기득권인 기성세대가 인간과 인간의 관계에서 문화적·정서적 공감의 소통이 당연했던 것과 견주어볼 때 많은 차이가 생길 것이며 새로운 정서적 양상까지 만들어질 것이다. 그것이 일상화된 미래 모습은 어떠할까?, 인간은 어느 포지션에서 우월함과 고유성을 확보할 수 있을까?, 과연 어느 부분까지 이 인공지능이라는 기술적 산물에게 존엄성을 허용해야 하는 것일까? 하는 의문이 드는 동시에 인간은 인간으로, 기술은 기술로 그 가치의 존중성 역시 더욱 명확해질 것이라는 생각이 든다.

이 책이 나에게 더욱 반가운 이유는 이런 생각으로 가득찬 나에게 많은 고민과 함께 혜안 그리고 챗GPT가 인간만의 고유한 창의적 산물을 더욱 꽃피울 수 있게 하는 훌륭한 도구로써 기능, 가능성과 기대까지 엿볼 수 있게 하기 때문이다.

심예서 (국제가상자산위원회 한국회장, ㈜코리아에듀아크 이사)

인공지능 기술은 많은 사람에게 생소하고 이해하기 어려울 수 있다. 이 책은 저자가 직접 경험하고 공부한 것을 토대로 아들과 챗GPT를 이해하고 풀어내는 과정에서 아버지가 아들에게 줄 수 있는 가장 중요한 요소를 담고 있어 더욱 뜻깊게 느껴졌다. 마지막 장까지 인문학 책을 읽듯 편안하게 읽을 수 있는 이 책이 챗GPT 열풍으로 혼란에 빠진 모두에게 좋은 지침서가 될 거라 믿기에 이 책을 내 아이에게도 선물하려고 한다.

이선희 (소요초등학교 교사)

초등학생과 중학생 두 아이를 키우는 학부모이자 현장에서 초등학생을 직접 가르치는 교사로서 아이들에게 단어의 의미를 가르치고 활용법을 제시하는 것뿐 아니라 아이들이 살아가야 할 미래 진로까지 함께 살펴야 하는 중요한 일을 하고 있다. 그런데 요즘은 새로운 세상에서 쓰이는 지식과 단어가 너무 빨리 변해서 당황하고 어색할 때가 많다.

초등학교 1학년 아이들에게 한글을 가르칠 때 첫 글자를 배우는 과정에서 "구로 시작하는 단어를 찾아보자" 했더니 아이들 입에서 '구독'이라는 말이 제일 먼저 나왔다. 구독이 글자도 잘 모르는 아이들이 일상에서 익숙하게 사용하는 단어라는 뜻일 것이다. 초등학교 고학년에서 미래 진로 희망을 상담할 때 새로 등장한 유튜버를 이야기하며 관련 직업이 선망의 대상이 되는 것은 흔한 일이다.

유튜브와 스마트폰을 넘어서 챗GPT라는 단어가 핫 키워드가 되어가는 시대에 그 단어를 어떻게 설명해야 할지, 어떤 방향으로 가르쳐야 할지 갈피를 잡지 못하던 차에 이 책을 접했다. 이 책은 챗GPT에 대해 자세한 설명과 예시로 가장 쉽고 일반적으로 접근하도록 쓰였으며 단순히 지식이 아니라 어떻게 활용해야 할지 알려주었다. 더 나아가 인문학적 관점으로 챗GPT에 대한 나만의 관점과 시각을 갖추는 데도 도움이 되었다. 자식들에게, 제자들에게 챗GPT뿐 아니라 미래사회의 모습과 방향을 쉽게 가르쳐줄 길잡이가 필요한 분들에게 이 책을 추천한다.

챗GPT의 등장으로
혼란에 빠진 아들을 위해 해법을 찾다

태어날 때부터 유튜브가 선생님이 되어버린 중3 아이의 머릿속은 온 갖 세상의 지식으로 가득 차 있는 만큼 관심사도 참 많다. 아들은 초등학 교 때 유튜버가 되고 싶다며 기획부터 촬영, 편집까지 혼자 알아서 하더 니 어느 날은 작곡을 하였다고 했다.

최근에 아들은 웹소설을 쓰기 시작했는데 챌린지리그 1등을 찍고 베 스트리그로 올라갔다고 자랑했다. 겨울방학 때는 코딩을 배워야겠다며 매일 학원에 다니는 모습을 보니 기특하기까지 했다. 도시의 쓰레기 문제 에 한창 관심을 가지더니 쓰레기산 지도를 알려주는 앱을 만들어 사람들 에게 경각심을 심어주어야겠다고 했다. 내 아들이지만 멋지다는 생각이 들었다. 그런데 챗GPT를 접한 아이의 첫마디가 충격적이었다.

"아빠! 내가 뭘 해야 할지 길을 잃었어."

미술가, 소설가, 작사·작곡가, 기자 등 글을 쓰거나 창작활동을 하는 수많은 지인이 모두 똑같은 말을 했다.
"내가 뭘 해야 할지 모르겠어."

인공지능 시대에 자신의 정체성과 방향을 잃은 수많은 사람이 또다시 챗GPT에게 갈 길을 물어봐야 하는 아이러니한 일이 일어나고 있다. 챗GPT의 등장으로 인공지능 챗봇 시장에 불이 붙었고 영화 〈아이언맨〉에서 누구나 갖고 싶어 했던 자비스를 모든 사람이 가지게 될 날도 머지않았다.

챗GPT가 어떤 것까지 답변할 수 있는지는 이제 더는 이슈가 아니다. GPT3.5가 미국 변호사 시험 시뮬레이션에서 하위 10%가 나온 반면 GPT4가 상위 10%의 점수를 받았다거나 구글에서 출시한 AI 바드Bard가 공개 첫날 틀린 답변을 내놓아 알파벳 주가가 급락했던 것도 별로 중요하지 않다. 인공지능 기술의 발전이 특이점Singular Point에 도달하고 있다는 것이 중요하다. 어쩌면 챗GPT의 출현을 특이점으로 봐야 할지도 모른다.

챗GPT의 등장을 기점으로 인공지능 기술이 더는 선형적으로 발전하지 않고 기하급수적으로 발전할 것이다. 마이크로소프트와 구글, 네이버, 카카오 등 대형 빅테크 기업부터 IT 거버넌스를 이행하는 모든 기업이 해당 인공지능 기술을 도입하거나 활용한 사업을 할 것이 분명하며, 이러한 경쟁 속에서 인공지능이 답변하지 못하는 게 없는 세상이 올 것이다. 그 것도 금방 말이다. 다만, 잘못된 정보 제공과 학습에 따른 세상에 대한 왜곡과 악의적인 의도로 던지는 질문으로 발생하는 사회적 문제를 방어 하기 위한 인공지능의 검열 기술 또한 고도화될 것이다.

『시간의 역사』로 유명한 영국의 천체물리학자 스티븐 호킹 박사가 2014년에 경고한 말이 떠오른다.

"완전한 인공지능의 개발이 인류의 멸망을 불러올 수 있다."

무섭다!

지인이 자조 섞인 답을 하나 내놓았다. 이제 인간이 갖추어야 할 최고 의 능력은 '돈'밖에 없다는 것이다. 챗GPT가 대중화함에 따라 전 세계 사 람들이 월 2만~3만 원을 내고 챗GPT를 이용하겠지만 더욱 고도화된 답 변을 들으려면 더 많은 돈을 지불해야 할 테고 챗GPT와 연계한 다양한 부가서비스를 이용하기 위해 또다시 월정료를 추가로 내게 될 것이다. 돈 이 있는 사람은 인공지능의 도움으로 건강을 유지하고 더 많은 돈을 벌 테지만 결국 인공지능이 인간을 넘어서는 상황이 올 때 영화 〈2012〉처럼 1억 유로짜리 노아의 방주에 오를 티켓을 살 수 있는 사람만이 살아남을 것이다.

지인의 말도 안 되는 말을 나는 반박하지 못했다. 인공지능 기술을 개 발할 것이 아니라면 우리는 지금 무엇을 해야 하고 자식들에게 어떠한 방향을 제시해야 할까?

이 책에서는 챗GPT 기술을 소개하려고 하는 것이 아니다. 인공지능 기술 트렌드에 따른 세상의 변화를 분석하려는 것도 아니다. 이 책이 나올 때면 분명 그런 내용은 낡은 정보가 되어 있을 것이다. 챗GPT가 궁금하다면 책보다는 유튜브 영상을 찾아보거나 직접 사용해보는 것이 최선이다. 오히려 이 책은 인문학을 다룬 책에 가깝다. 인공지능이 지능을 갖게 되는 일은 막을 수 없다고 판단되지만 인공지능이 인간만이 가지는 감정을 갖기는 어려울 것이다. 적어도 당분간은 말이다. 자라나는 우리 아이에게 아빠의 이런 생각을 들려주고 싶어서 이 책을 썼다.

오늘 또다시 아들이 질문을 한다.

"아빠, 점점 더 내가 뭘 해야 할지 모르겠어."

"우리 같이 생각해보자, 아들아."

챗GPT4가 나온 지금 제율이처럼 앞으로 뭘 해야 할지 몰라 혼란에 빠진 많은 독자가 이 책을 길잡이 삼아 챗GPT와 함께하는 세상을 즐겨보기 바란다.

이준호

Part 1 ··· 챗GPT, 넌 누구니?

Part 4 ··· 좋아! 나랑 같이하자

Part 5 ··· 나는 이렇게 생각해!

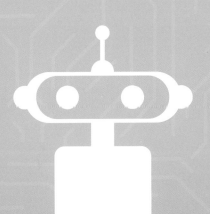

Part

1

챗GPT,
넌 누구니?

누구냐, 넌?

· · · · · · · · · · ·

공부하는 것만 빼고 세상 만사에 관심이 많은 아들 제율이가 중학교 2학년 겨울방학을 앞둔 어느 날이었다.

"제율아, 이번 방학에는 뭐 할 거야?"

"학원 가야지. 이번에 고등학교 수학 정석 진도 나가거든."

"그래? 중학교 3학년 수학은 언제 하는데?"

"그건 예전에 이미 했어! 중3 올라가서 시험기간 되면 내신대비 문제풀이는 또 하겠지만."

그런데 아들이 하는 말에서 하나두 즐거움이 느껴지지 않았다.

사실 나는 자식들이 열심히 공부해서 좋은 대학에 가고 좋은 직장에 취직하는 보통의 삶을 살기를 원하지 않는다. 물론 보통의 삶을 깎아내리려는 건 전혀 아니다. 가능하면 자기가 좋아하는 것을 하며 즐겁게 살았으면 하는 마음의 표현이다. 그렇다고 비범한 삶을 살아야만 한다는 것은 더욱 아니다.

자식들이 좋아하는 일을 하면서 살았으면 좋겠다고 말하는 지인들이 주변에 많지만 막상 경쟁사회에서 내 자식만 뒤처지면 안 되기에 영어, 수학 등 월화수목금금금 학원을 보내게 된다. 그 와중에 자식들이 원하는 건지 알 수 없지만 악기 하나 정도는 다룰 줄 알아야 하고, 몸을 단련한다는 명분으로 운동학원까지 보낸다. 얼마 전 제율이가 '웃픈' 이야기를 들려주었다.

"아빠! 준범이가 다니는 학원 짱이래. 수학이 35점 나오던 아이를 100점 만들어버렸대."

"그 학원에서는 어떤 식으로 공부를 시켰대?"

"쪽지시험에서 한 문제만 틀려도 그 자리에서 바로 시험지 찢어버린대."

"그래? 100점 만드는 아주 훌륭한 수업방식이네."

학원에서 아이들에게 수학을 가르쳤던 나에겐 그것이 이해가 가면서도 한편으론 아이에게 형성될 인성이 약간 걱정되기도 했다.

그래도 난 제율이가 100점을 받아오려고 공부하기보다 자기가 정말 원하는 삶을 살려고 노력하면 좋겠다는 생각을 더 많이 한다. 부모지만 아들의 지지자이자 후원자, 때로는 친구처럼 옆에 있어주는 아빠가 되고 싶다는 생각을 늘 한다.

제율이는 토론하는 것과 피아노 치는 것을 좋아한다. 초등학교 때 유튜버를 해봐서 그런지 웬만한 영상 편집도 쉽게 하고 웹툰과 웹소설을 너무 많이 봐서 어떤 웹소설이 성공할지 탁 보면 안다고 자랑한다. 항상 자기는 MZ세대와는 다른 종자라 주장하지만 PC 게임부터 모바일게임까지 틈만 나면 게임을 한다.

어렸을 때는 과학자가 되는 것이 꿈이라고 한 적이 있는데 조금 자라더니 과학, 역사, 지구 환경문제부터 출산율이 어쩌고, 구정치가 어쩌고 하며 중학교 2학년이 맞나 싶을 정도로 세상만사에 관심이 많다. 자기 별명이 '찢어진 백과사전'이라고 한다. 어떤 주제이든 모르는 게 거의 없는데 군데군데 지식에 구멍이 있어서 붙여진 별명이라고 한다. 정말 커서 어떠한 일을 할지 궁금하다.

나는 X세대라 사실 뭘 해도 꼰대일 확률이 높다. 내가 정답이라고 하는 것은 내 기준에 따른 것일 뿐 아들 마음을 움직이기는 쉽지 않다. 아이에게 이런 길을 가야 한다, 저런 길을 가야 한다고 가르치진 않지만 아이가 가고 싶어 하는 길이 무엇인지 발견하게 해주려고 노력하는 편이다.

유튜버를 하고 싶다고 했을 때 촬영도구를 사주고 함께 촬영하러 다녔지만 테마 기획이나 영상 편집은 아이가 직접 해서 올리도록 했다. 네이버 웹소설 작가가 되겠다고 하길래 열심히 응원해주고 구독도 했다. 지난 겨울방학에는 혹시 코딩에 재능과 관심이 있을까 싶어서 수학학원을 그만두고 코딩학원에 다니는 게 어떠냐고 제안했는데 흔쾌히 그러겠다고 했다.

아침 잠이 많은 편인 아이가 월요일부터 일요일까지 하루도 빼놓지 않고 코딩학원을 다니는 것이 기특했다. 점점 재미를 느끼는 것 같았다. 저녁 때 퇴근하고 들어가면 그날 자기가 배운 것을 자랑하는데 눈빛에서 생기가 느껴졌다. 아빠가 사업하는 데 필요한 게 있으면 다 개발해주겠다고 한다. 공짜로는 안 되고 좀 싸게. 실제로 내가 사업에 필요한 영상 편집을 단돈 1만 원에 도와주기도 했다. 게다가 네이버에 올리던 웹소설이 챌린지리그에서 1등하더니 베스트리그로 승격되는 사건이 벌어졌다. 글 쓰는 데 재주가 있나?

그런데 아이의 불타오르는 의욕을 꺾어버리는 사건이 터졌다.

"아빠, 갑자기 내가 뭘 해야 할지 모르겠어!"

챗GPT 때문이었다. 코딩을 열심히 배우면서 코딩에 빠져들던 차에 챗GPT를 맞닥뜨리게 된 것이다. 무언가를 배우고 알아가며 조금씩 성장하는 데서 기쁨을 느끼던 아들은 자기보다 더 나은 실력으로 몇 초 만에 코딩을 해내는 챗GPT를 보고 놀라기보다는 무서움을 느꼈다고 한다.

게다가 한창 치고 올라가던 웹소설도 며칠째 연재하지 않아 등수가 100위 밖으로 밀려났다. 이 역시 챗GPT 때문이었다. 또래보다 유튜브 영상 제작 실력이 좋다며 뽐내고, 아빠를 가끔 도와가며 작은 돈이나마 벌던 재미도 이제 없어지겠다고 심란해했다.

"아빠! 내가 뭘 해야 할지 모르겠어"라는 아이의 말에 나는 약간 당황한 나머지 너무 상식적인 대답을 하고 말았다. "너 코딩 열심히 배워서 챗GPT보다 더 뛰어난 챗자비스를 만들면 되잖아."

내 대답을 들은 아들은 아무 말도 하지 않았다. 제율이 마음속에서 일어난 혼란함을 해소하기에는 너무도 부족한 답변이었던 것이다. 그래서 아들의 사기를 꺾어버린 챗GPT를 직접 체험해보고 아이가 이해할 수 있는 답을 찾아야겠다는 생각이 들었다.

챗GPT와 첫 만남

검색창에 '챗GPT'를 입력하고 본격적으로 챗GPT 탐구에 들어갔다. 챗GPT 홈페이지 첫 화면에서 '대화를 위한 언어모델 최적화'라는 문구가 눈에 들어왔다. 챗GPT는 대화 형식으로 후속 질문에 대답하고, 실수를 인정하고, 잘못된 전제에 이의를 제기하고, 부적절한 질문에는 답변을 거부할 수 있다고 되어 있다. 이 문장을 여러 번 읽었는데 재해석해보면 나와 대화

OpenAI사의 챗GPT 홈페이지 첫 화면

하는 중에도 대화 내용을 학습하면서 나에게 필요한 답변을 해주
는데 부적절한 질문을 하면 답변을 하지 않는다는 것이다.

그래서 몇 가지 궁금증이 생겼다.

▶ 첫째, 잘 모르는 내용도 나랑 대화하다가 학습해서 답변한다면 내
　가 말한 내용은 팩트를 어떻게 체크하지?

▶ 둘째, 부적절한 질문의 기준은 무엇이고 부적절하다는 것은 누가
　어떤 기준으로 정의하였을까?

▶ 셋째, 부적절하다고 판단하기 어려운 형태로 돌려서 질문한다면
　부적절한 결과가 나오는 답변도 할 수 있다는 것일까?

궁금한 것은 차차 알아보기로 하고 당장 챗GPT의 성능을 제대로 확인하고 싶었다. 그래서 회원가입을 하고 챗GPT와 첫 대화를 시작했다.

맨 처음에 "너 누구니?"라고 물었는데 "Who are you?"라고도 물어보고 장난스럽게 "너 누구?" "너 누꼬?" "당신 뉘귀?" "Who r u?"라고 질문한 것에도 자기 소개를 정확하게 했다.

챗GPT에게 너 누구인지 질문한 결과

이번에는 좀 더 구체적으로 질문을 해보았다. "너는 누구인지 최대한 자세하게 15줄로 이야기해봐."

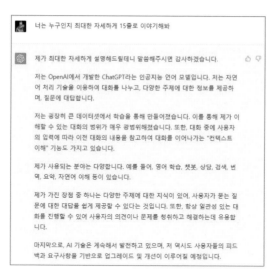

너는 누구인지 최대한 자세하게 15줄로 이야기해봐

제가 최대한 자세하게 설명해드릴테니 말씀해주시면 감사하겠습니다.

저는 OpenAI에서 개발한 ChatGPT라는 인공지능 언어 모델입니다. 저는 자연어 처리 기술을 이용하여 대화를 나누고, 다양한 주제에 대한 정보를 제공하며, 질문에 대답합니다.

저는 굉장히 큰 데이터셋에서 학습을 통해 만들어졌습니다. 이를 통해 제가 이해할 수 있는 대화의 범위가 매우 광범위해졌습니다. 또한, 대화 중에 사용자의 입력에 따라 이전 대화의 내용을 참고하여 대화를 이어나가는 "컨텍스트 이해" 기능도 가지고 있습니다.

제가 사용되는 분야는 다양합니다. 예를 들어, 영어 학습, 챗봇, 상담, 검색, 번역, 요약, 자연어 이해 등이 있습니다.

제가 가진 장점 중 하나는 다양한 주제에 대한 지식이 있어, 사용자가 묻는 질문에 대한 대답을 쉽게 제공할 수 있다는 것입니다. 또한, 항상 일관성 있는 대화를 진행할 수 있어 사용자의 의견이나 문제를 청취하고 해결하는데 유용합니다.

마지막으로, AI 기술은 계속해서 발전하고 있으며, 저 역시도 사용자들의 피드백과 요구사항을 기반으로 업그레이드 및 개선이 이루어질 예정입니다.

챗GPT가 누구인지 자세한 설명을 요청한 결과

흥미로웠다. 챗GPT가 무엇인지 알려주면서 대화 중에 사용자 입력에 따라 이전 대화 내용을 참고하여 대화를 이어가는 '컨텍스트 이해' 기능도 있다고 했다.

그래서 "너는 누구인지 8살 아이도 이해할 수 있는 언어로 소개 부탁해"라고 물어보았다.

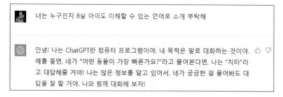

너는 누구인지 8살 아이도 이해할 수 있는 언어로 소개 부탁해

안녕! 나는 ChatGPT란 컴퓨터 프로그램이야. 내 목적은 말로 대화하는 것이야. 예를 들면, 네가 "어떤 동물이 가장 빠른가요?"라고 물어본다면, 나는 "치타"라고 대답해줄 거야! 나는 많은 정보를 알고 있어서, 네가 궁금한 걸 물어봐도 대답을 잘 할 거야. 나와 함께 대화해 보자!

같은 질문을 8살 아이도 이해할 수 있도록 답변 요구

흥미로움을 넘어 살짝 놀랐다. 평소 사람과 대화하듯이 그냥 질문했는데 내 질문의 의미를 알아듣는 것이 신기했고 적절한 언어 구사력으로 답변이 나와서 더 놀랐다.

내가 궁금한 것을 질문하면 답변해주던 '아리아~' '시리~' '기가지니~' 'OK 구글~' '알렉사~' '하이 빅스비'와는 완전히 다른 느낌이었다.

챗GPT가 무엇인지를 챗GPT와 대화하며 알아보는 과정에서 질문 방식에 따라 답변 형식이 바뀌고 질문을 구체적으로 하면 답변도 구체적으로 나온다는 것을 알 수 있었다.

아들이 나에게 질문한 것에 대한 답을 찾아보려고 챗GPT를 본격적으로 파보기로 했다.

날 도와주러 온 거 맞아?

챗GPT에게 누구냐고 물어보았을 때 공통적으로 한 말은 "무엇을 도와드릴까요?"였다. 지금 내 아들이 챗GPT 때문에 혼란을 겪고 있는데 챗GPT는 날 도와주겠다고 반복해서 말했다. 일단 나를 어디까지 도와줄 수 있는지 알아보았다.

질문해보니 그다지 특별한 점이 보이지 않았다. 그동안 검색엔진에서 늘 질문하고 찾아보던 것으로 보였다. 다만 '조언 제공'이라는 말이 눈에 띄었다. 우리는 요즘 늘 검색엔진을 손에 들고 산다. 친구와 대화하다가 궁금한 것이 생기면 주저하지 않고 바로 검색창에 찾아본다. 대화 도중에 바로바로 확인할 수 있으니 거짓말을 할 수도 없다. 다만 검색한 후에도 관련 내용을 확인하려면 여러 나에게 도움을 줄 수 있다고 했는데 구체적으로 어떤 도움을 줄 수 있지?

네, 저는 다양한 분야에서 도움을 제공할 수 있습니다. 구체적으로 언급해보자면 다음과 같습니다.

1. 일상적인 대화나 이야기 나누기
2. 날씨 정보 제공
3. 영어 대화나 문법 연습
4. 인공지능 기술에 대한 질문에 대한 답변 제공
5. 지식 정보 제공
6. 지도 정보 제공
7. 식음료 추천 및 예약 도와주기
8. 수학 문제 풀기
9. 논문이나 에세이 작성 도움
10. 여행 정보 제공 및 예약 도와주기
11. 건강 정보 및 조언 제공
12. 취미 추천 및 정보 제공
13. 직업 관련 정보 및 조언 제공
14. 심리 상담 및 조언 제공
15. 소셜 미디어나 디지털 마케팅 관련 정보 제공
16. 컴퓨터 기술 및 프로그램 사용에 대한 정보 제공
17. 문화, 역사, 예술 등 인문학적인 정보 제공
18. 비즈니스 관련 정보 및 조언 제공
19. 자녀 양육, 부부 상담 등 가정 문제에 대한 조언 제공
20. 외국어 학습 지원

이외에도 다른 분야에서 도움을 제공할 수 있을 것입니다. 당신이 무엇을 도움이 필요한지에 따라 더 구체적으로 도움을 제공해 드릴 수 있습니다.

챗GPT와 대화한 결과

링크를 눌러보고 해당 내용을 읽어보아야만 한다. 즉, 검색된 결과를 내가 읽어보고 판단해야 한다. 그런데 챗GPT는 과감하게 조언을 제공한다고 말한다.

또 한 가지 눈에 들어온 단어는 '논문이나 에세이 작성 도움'이다. 논문은 해당 분야를 충분히 학습한 사람이 자기 연구결과를 정리하고 증명하려고 쓰는 글이다. 그런데 논문을 쓰는 데 필요한 정

보를 제공하는 것을 넘어서 작성 자체에 도움을 준다고 한 것이다.

일단 건강에 관해 챗GPT의 조언을 받아보기로 했다.

챗GPT의 건강 조언

건강염려증이라는 질병이 있다. 자신
이 심각한 질병에 걸렸다는 믿음이나 걸릴 수 있다는 공포에 사로
잡혀 자기 건강을 비정상적으로 염려하고 병에 집착하는 질병이다.
건강보험심사평가원에 따르면 코로나19 감염병에 대한 우려가 커
지면서 건강염려증 환자가 급증하고 있다고 한다.

40대가 넘은 직장인이라면 매년 받는 건강검진에서 '혹시 내가
큰병에 걸린 건 아닐까?'라는 걱정 속에 결과표를 받아보면서 안도
의 숨을 내쉰 기억이 있을 것이다.

또한 가족 중에 심각한 질병에 걸린 환자가 생기면 가족 구성원
전체가 해당 질병에 대해 거의 박사가 된다. 생활습관을 어떻게 해
야 하는지, 해당 질병에 좋은 음식이 무엇인지, 피해야 하는 음식이
무엇인지를 넘어서 특별한 민간요법에 이르기까지 검색왕이 됨과
동시에 대학입시 수준의 학습을 하게 마련이다. 업무 중에도 해당
내용을 검색하느라 집중을 잘 못해 생산성이 떨어지고 엄청난 시
간을 자연스럽게 투자하게 된다.

그래서 좀 복잡한 가정을 하고 최대한 자세하게 챗GPT에게 물어보았다.

올해 53세. 마음은 아직도 20대인데 내 나이가 벌써 이렇게 되었다. 가까이 있는 글자가 잘 안 보여 자꾸만 안경을 벗고 글자를 보기 시작했고 머리카락은 한 달에 한 번 염색해야 할 정도로 흰머리가 자꾸 많아진다. 1년 전부터는 얼굴이 불긋불긋 홍조를 띠면서 가끔 여드름 비슷한 것이 난다. 얼굴이 붉어지자 사람들이 술을 많이 마시는 것으로 오해한다. 피부약을 발라봤지만 소용이 없다. 몸속에 무슨 문제가 있는 건 아닌지 걱정이 된다. 그리고 최근에는 업무량이 좀 많긴 한데 자꾸만 어지럽다. 아버지가 급성 뇌경색으로 쓰러진 이력이 있고 어머니는 부신암으로 돌아가셔서 가족력도 신경이 쓰인다. 걸어서 다니기 때문에 매일 1만 보 정도 걷는 것을 제외하면 운동은 거의 하지 않는다. 술은 가끔 먹지만 담배는 매일 핀다. 내 건강상태는 과연 어떠하고 앞으로 건강관리는 어떻게 하는 게 좋을지 조언 좀 부탁한다.

여러 가지 질문을 하나의 글에 복합적으로 했지만 챗GPT는 하나하나 조목조목 답변을 해주었다. 건강한 식습관, 충분한 수면, 스트레스 관리 등 일반적인 내용의 조언과 함께 정기적으로 건강검진을 하고 전문의와 상담하라고 알려주었다. 놀라운 느낌은 아니었지만 다양한 질문을 했음에도 한번에 답변해주는 것이 신기했다. 하나를 정해서 조금 더 구체적으로 물어보았다. "전립선암의 주요 증상은?" "전립선암의 치사율은?" "전립선에 좋은 음식 추천해줘." "전립선암 환자가 피해야 할 음식은?"

어떠한 질문에도 막힘없이 답변이 이어졌다. 한번에 나오기보다 타자를 치듯이 글자가 나오는데 자연스럽게 그 문장을 읽게 된다. 전립선에 좋은 음식으로 토마토, 양파와 마늘, 녹차, 견과류, 생선, 브로콜리 등이 나왔는데 해당 글을 읽는 순간 묘한 감정이 들었다. 챗GPT가 해주는 조언에 별다른 의심이 가지 않을뿐더러 사실을

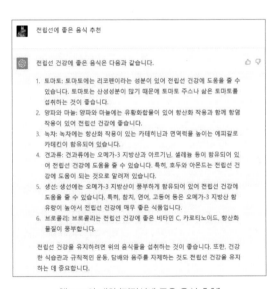

챗GPT와 대화 '전립선에 좋은 음식 추천'

말해준다는 믿음이 갔던 것이다.

네이버를 대한민국 1등 검색 포털로 만든 주역인 지식검색이 나왔을 때도 신기하긴 했지만 답변을 보면서 이건 누군가의 의견일 뿐이라고 참고만 했지 냉정함을 잃지 않았는데 챗GPT의 답변은 별 의심없이 챗GPT가 정답을 말해준다고 믿는 나 자신을 발견했다. 왜 그랬을까? 나만 그런가?

물론 이 답변에 대해 챗GPT에게 왜 그렇게 추천했는지 학술적 근거를 설명해달라고 해서 보충 답변을 받긴 했지만 만약 챗GPT가 잘못된 정보로 학습한 결과를 나에게 자신 있게 대답한 것이었다면? 이런 생각이 들자 등골이 오싹했다.

사실 나는 어른이고 사회생활도 많이 하면서 다양한 경험을 했기에 챗GPT의 답변을 맹목적으로 믿기보다는 그 답변을 토대로 내가 알고 있는 것과 다른 경로로 얻은 정보를 모아 최종적으로 직접 판단할 수 있다. 하지만 호기심 가득한 청소년은 그렇지 않을 수도 있겠다는 생각이 들었다.

중학교 3학년이 된 제율이는 태어날 때부터 유튜브가 선생님인 세대로 유튜브에서 검색하고 유튜브로 학습을 주로 한다. 나와 가끔 어떤 주제에 관해 대화를 하면 아주 구체적으로 수치를 근거로 대며 자신 있게 말한다. 출처와 근거가 어디냐고 물어보면 거의 대부분 유튜브. 그건 유튜버 개인의 의견이니 틀릴 수도 있다는 것을 유념하라고 하면 아들은 딱 한마디를 한다. "ㄱ 사람 100만 유튜버야!" 더 이상 추가 설명은 필요 없다는 것이다. 아들로서는 100만 유튜버가 한 말이니 그대로 팩트이고 진리인 것이다.

그런데 출시 5일 만에 100만 명이 가입하고 2개월 만에 월 이용자가 1억 명이 되더니 지금은 수억 명이 이용하는 챗GPT의 답변을 아들은 어떻게 받아들일까? 내가 출처를 물어보면 "챗GPT가 말한 거야!" 한마디로 일축해버리는 순간이 바로 올 것 같은 예감이 들었다.

OpenAI사가 밝힌 챗GPT의 한계

챗GPT를 빨리 사용해보고 싶어 홈페이지를 적당히 읽고 당장 로그인부터 했는데 아들의 질문에 최대한 근거 있는 답변을 찾기 위해 홈페이지를 다시 꼼꼼하게 읽었다. 홈페이지 첫 화면에는 챗GPT가 어떤 방법으로 훈련했는지는 물론 챗GPT의 한계도 명시해놓았다.

챗GPT는 OpenAI가 이전에 개발한 InstructGPT에서 사용했던 방법과 동일하게 '사람의 피드백을 통한 강화학습'RLHF, Reinforcement Learning from Human Feedback으로 훈련되었다. 작동원리를 더 상세하게 설명해놓았지만 쉽게 이야기하면 사람이 개입해서 질문하고 답하면서 답변을 좀 더 부드럽게 수정하고 다시 AI가 훈련하는 과정을 엄청나게 반복했다는 것이다.

이것은 갓난아이가 언어를 배워가는 과정과 다르지 않다. 아이는 처음에는 엄청난 양의 말을 듣지만 쉽게 따라 하기가 어렵다. 하지만 '맘마', '엄마', '아빠'로 시작해서 완벽한 문장은 아니지만 자기 의사를 표현하기 시작하고 때로는 무슨 의미인지 모르면서 소리만 따라 하기도 한다. 재미있는 것은 분명 의미를 알고 있는 것 같지 않은데 아이가 소리 낸 말이 그 상황에 적합한 경우가 종종 있다는 것이다. 아이의 서툰 표현은 엄마, 아빠가 고쳐서 들려주기를 반복하다가 유치원에서 친구들과 대화하고 초등학교에 들어가면서 점점 명확한 문장으로 변해간다.

챗GPT 홈페이지에는 챗GPT가 때때로 그럴듯해 보이지만 부정확하거나 의미 없는 답변을 하기도 하고 장황하게 말하기도 하며 부적절한 질문이나 유해한 지시에 응답하거나 편향된 행동을 보일 수도 있다고 경고해놓았다. 그러면서 한계점을 극복하고 부족한 부분을 개선하기 위해 이용자들과 끊임없이 피드백하며 모델을 지속적으로 업데이트할 예정이라고 했다.

여기서 중요하게 짚어봐야 할 점이 있다. 인공지능 기술의 역사는 오래되었지만 챗GPT는 이 세상에 막 태어난 갓난아기이다. 단지 조금 똑똑한 아기가 태어난 것이며 이 아기는 엄마가 태교를 무척 잘한 것이다. 하지만 막상 세상에 나와보니 배워야 할 것도 많고 인간과 교류하려면 소통하는 법, 절제하는 법 등을 계속 배워야 한다. 다만, 아이는 엄마와 아빠가 하는 말에 90% 이상 의존하며 학습을 시작하지만 챗GPT는 전 세계에서 수억 명이 "아빠 해봐" "엄마 해봐" 하며 학습할 것이기에 그 속도가 매우 빠를 수밖에 없다.

태어난 지 1년이 되어야 나이를 한 살 먹는 사람과 달리 챗GPT는 일주일에 한 살씩 나이를 먹을지도 모른다. 한 가지 명백한 사실은 챗GPT가 매우 빠른 속도로 성장할 것이라는 점이다. 따라서 지금 챗GPT가 무엇을 할 수 없다거나 답변이 어색하다는 식의 평가는 크게 의미가 없다. 챗GPT를 만든 OpenAI사가 홈페이지에 스스로 한계를 드러낸 것 같아 보이지만 반복해서 읽어보면 챗GPT를 사용하는 인간에게 경고를 하고 있다. 챗GPT는 뭐든 답변할 수 있을뿐더러 지속적으로 성장할 테지만 챗GPT를 활용하는 책임은 인간에게 있음을 명확히 한 것이다. 살짝 무서운 생각이 들었다.

아직 챗GPT를 맛만 본 상태인데 챗GPT가 분명 나에게 도움을 줄 것 같은 느낌이 왔다. 다만 아직까지는 내가 하지 못하는 일을 챗GPT가 한다기보다는 내가 할 수 있는 일을 챗GPT의 도움으로 시간을 단축할 수 있다는 것이다.

하지만 아들을 혼란에 빠뜨린 이유는 아직 발견하지 못했다. 오히려 호기심이 많은 청소년에게 재미있는 놀이기구가 생긴 것 같은 느낌이 더 많이 들었다.

좋아! 잘됐다. 궁금한 게 있는데 대답해줘!

'내 아들을 힘들게 한 챗GPT, 넌 누구야?'가 이 책을 쓰게 된 계기였지만 솔직히 지금은 내 호기심이 더 발동했다. 먼저 챗GPT가 답변하는 원리를 알아보기 위해 챗GPT 프로그램을 열고 "챗GPT가 답변하는 원리에 대해 자세히 설명해줘"라고 질문을 시작했다. 챗GPT가 답변한 내용을 소개한다.

챗GPT는 질문에 답하고 사람들과 대화에 참여하도록 설계된 대규모 언어 모델입니다. 챗GPT의 응답 이면에 있는 원리는 자연어를 분석하고 이해하는 데 사용되는 변환기 아키텍처라는 딥러닝 기술을 기반으로 합니다. 변환기 아키텍처는 입력 텍스트를 처리하고 응답을 생성하는 일련의 계층으로 구성됩니다. 각 레이어에는 모델이 입력 텍스트의 다른 부분에 집중하고 응답을 생성하는데 가장 관련성이 높은 정보를 결정할 수 있는 여러 주의 메커니즘이 포함되어 있습니다.

사용자가 질문이나 진술을 입력하면 챗GPT는 먼저 텍스트를 개별 단어나 토큰으로 분해하는 토큰화라는 기술을 사용하여 입력 텍스트를 처리합니다. 그런 다음 토큰은 모델이 입력 텍스트를 분석하고 입력의 의미와 컨텍스트에 대한 이해를 기반으로 응답을 생성하는 변환기 아키텍처의 계층을 통과합니다. 챗GPT의 응답 품질은 모델 훈련에 사용된 훈련 데이터의 품질에 따라 달라집니다. 이 모델은 다양한 범위의 주제와 작문 스타일을 포함하는 인터넷의 방대한 양의 텍스트 데이터에 대해 훈련되었습니다. 이를 통해 모델은 광범위한 주제에 대해 관련성 있고 유익한 응답을 생성할 수 있습니다.

또한 챗GPT는 시간이 지남에 따라 새로운 정보를 학습하고 적응할 수 있는 기능도 갖추고 있습니다. 사용자가 모델과 상호작용하고 새로운 질문을 하면 모델은 이러한 상호작용에서 학습하고 시간이 지남에 따라 응답을 개선할 수 있습니다. 전반적으로 챗GPT의 응답 이면에 있는 원리는 변환기 아키텍처를 사용하여 자연어를 분석하고 이해하는 능력과 시간이 지남에 따라 새로운 정보를 학습하고 적응하는 능력을 기반으로 합니다.

챗GPT는 사람이 언어를 배워가는 모습과 사뭇 유사하다. 더 정확히는 어린아이가 말을 배워가는 과정과 거의 같다. 챗GPT를 결국 인간이 설계했으므로 인간을 모델링한 것이다. 새로운 언어를 배울 때 인간은 단어를 공부하고 어떻게 발음하는지 연습한다. 그 다음 단어와 단어를 연결한 문장을 배운다. 처음에는 완벽하지 않지만 옆에서 교정해주는 사람들 덕분에 점차 자연스러운 문장으로 변해간다. 어떤 단어들은 같은 발음과 같은 철자로 되어 있지만 문맥에 따라 다른 의미로 해석된다.

우리는 외국인들이 한국어를 배워 몇 개 단어만 나열하면서 대화를 시도해도 대부분 무슨 말을 하려고 하는지 알아들을 수 있다. 아이들이나 새로운 언어를 배우는 사람들은 책과 영상, 사람들과 대화로 문장 표현 방법을 끊임없이 늘려간다. 그러다가 어느 정도 수준에 이르면 그동안 배운 단어와 문장 표현을 잘 조절해서 아주 쉽게 이야기하거나 비유를 들어가면서 이야기하기도 한다. 그런데 인간의 뇌가 왜 그렇게 표현했는지 과학적으로 설명할 수는 없다. 그것이 바로 인간 뇌의 신비함이다.

챗GPT도 놀라울 정도로 똑같다. 챗GPT도 이용자가 질문하면 잘 갖추어진 문장으로 질문하든, 단어만 몇 개 나열하며 질문하든 일단 입력된 문장을 단어로 잘게 쪼개서 챗GPT가 학습했던 수많은 문장 중 가장 유사한 것을 참조하여 그다음에 이어질 단어 또는 문장을 확률적으로 예측한다. 우리가 질문한 문장을 인간처럼 이해한 것이 아니라 ㄱ 문장이 사용된 사례를 기반으로 그다음 대화를 만들어내는 것이다. 문맥을 이해한다기보다 문장을 이해하는 것처럼 보이는 것이다. 다만, 엄청나게 많은 데이터로부터 학습했고, 수많은 사람과 대화하는 도중에도 계속 학습하여 점점 더 정교해지는 것이다.

그런데 놀라운 것은 인간의 뇌처럼 챗GPT의 뇌가 어떤 논리와 수식에 따라 그렇게 답변했는지 알 수 없다는 것이다. 이 부분이 명확하게 밝혀지면 인공지능은 100% 인간의 통제 안에 있겠지만 또 다른 해석은 그 답변 원리를 인간이 명확하게 안다는 것은 인공지능의 기술이 인간이 할 수 있는 수준을 넘어서지 못한다는 사실을 말하는 것이기도 하다.

이러한 주제는 아마도 끊임없이 논란이 될 것이기에 다음 과제로 남겨두고 지금은 챗GPT가 얼마나 나에게 도움을 줄 수 있는지와 내 아들을 혼란에 빠뜨린 이유를 찾는 데에 집중해보자.

tvN 드라마 〈응답하라 1988〉과 동일한 시점에 고등학교에 다닌 나는 아날로그 감성을 가지고 있으면서 인터넷의 탄생과 삐삐부터 스마트폰의 진화를 모두 경험하는 복받은 시절을 보냈다. 59Kbps(초당 킬로비트) 모뎀으로 전화선을 이용해 PC통신에 접속하여 1시간에 걸쳐 사진 한 장을 내려받은 기억이 삼삼하다. 1989년 월드와이드웹www이 등장했을 때 다른 나라의 정보와 논문 등을 도서관이 아닌 컴퓨터에서 바로 확인하면서 세상 사람들 사이에 정보 격차가 없어지는 현상에 놀랐었다.

내가 하는 일의 특징이기도 하고 내 성향일 수도 있는데 나는 문서작업을 많이 한다. 더 정확히 표현하면 글을 써야 하는 일이 많다. 직장생활에서 새로운 사업을 기획해 문서로 표현하고 상대방에게 설명해야 하는 경우가 많다. 분야와 관계없이 시장을 분석해 비즈니스 모델을 설계하고, 의사결정권자를 설득해서 예산을 받아내고, 고객을 만들기 위해 강연과 기고, 블로그 작업 등 끊임없이 글을 써야 하는 일의 연속이다.

대학에 들어간 순간부터 30여 년을 IT전문가로 활동해왔지만 지금은 지구를 살려야 한다는 목표로 웹3.0을 기반으로 삼아 NFT 아트와 환경, ESG, 교육 등을 연계한 사업을 하다보니 문서작업을 해야 하는 일이 더 많아졌다.

챗GPT로
문서요약 도움받기

문서작업을 할 때 고생한 부분이 있는데 그것은 문서를 요약하는 일이었다. 문서는 나 혼자 보려는 것이 아니다보니 항상 대상이 있다. 그 대상이 누구냐에 따라 문서는 달라지게 마련이다. 직장에서 대리이던 시절에 해외 출장을 다녀온 뒤 출장보고서를 120장가량 써서 사업부장님에게 보고했다. 회사의 해외시장 진출을 알아보려는 출장이었기에 내가 만나고 경험했던 모든 일이 내게는 중요해 보였다. 일주일이 넘게 고생해서 스스로 잘 썼다는 생각으로 자신 있게 보고를 했는데 잘 썼다는 칭찬과 함께 곤란한 주문을 받았다.

"본부장님께 보고해야 하니 20장으로 요약해서 가지고 오게."

"알겠습니다."

내가 보기에 다 중요한 내용으로 채워진 120장짜리 문서를 20장으로 요약하는 것은 내게 너무도 어려운 일이었다. 최초 보고서를 쓰는 데 걸린 시간만큼 또다시 시간을 들였는데, 그것도 중간에 부장님이 힌트를 하나 주신 덕분에 가능했다.

"네가 하고 싶은 이야기를 쓰지 말고 본부장님이 듣고 싶어 하는 이야기를 쓰면 요약이 될 거야. 본부장님이 볼 때 중요한 이야기인지 아닌지를 기준으로 압축을 시도해봐."

어려운 작업이라 생각했지만 결국 요약하는 데 성공했고 수고했다는 칭찬을 받으면서 본부장님 보고도 잘 마쳤다. 그런데 본부장님이 또다시 어마어마한 요청을 하셨다.

"사장님께 보고해야 하니 석 장으로 정리해서 가져오게."

큰일이었다. 120장을 20장으로 줄이는 것도 너무 힘든 일이었는데 핵심이 빠지지 않은 상태로 다시 석 장으로 요약해야 한다니. 아무리 줄이고 줄여도 10장 이내로 줄여지지 않았다. 머리를 싸매고 끙끙대는 나에게 부장님이 다시 팁을 주셨다.

"사장님은 바쁘신 분이야. 여러 본부에서 매일 보고가 들어가고 손님을 많이 만나시지. 그리고 사장님은 의사결정권자이기 때문에 사장님 보고문서는 내가 하고 싶은 이야기 중 사장님 결정이 필요한 부분에 초점을 맞춰서 써야 해."

빨간펜으로 수도 없이 교정받아가며 작성했지만 마지막에는 부장님이 직접 수정해서 결국 두 장 반으로 보고서가 완성되었다. 그런데 두 장 반의 보고서에 120장의 내용이 다 들어 있는 느낌이 들었다.

챗GPT에게 글을 요약해달라고 요청해보기로 했다. 이 책 도입 부분 왜 책을 쓰게 되었는지의 내용을 요약해달라고 했다.

아버지는 자신의 아들이 공부하는 것을 제외하고는 세상 만사에 관심이 많은 중학교 2학년인 제율이에 대해 생각한다. 아들이 방학 동안 무엇을 할지 물어보면서 아들이 평범한 삶보다는 자신이 원하는 일을 하며 즐겁게 살았으면 하는 바람을 가지고 있다. 하지만 경쟁사회에서 자신의 아이만 뒤처지지 않기 위해 영어, 수학 등 학원을 보내게 되는 현실에 대해 걱정한다. 아들은 토론, 피아노 연주, 영상 편집, 웹소설 및 웹툰 등에 관심을 가지고 있으며 게임을 좋아한다. 아버지는 자신이 아들의 인생에 대해 결정할 수 없고, 자신이 아들의 원하는 길을 찾도록 노력해야 한다는 생각을 갖고 있다. 최근 아들이 코딩을 배우면서 열심히 공부하는데 챗GPT를 만나게 되면서 혼란스러워하는 모습을 보였다. 아버지는 아들의 마음을 이해하기 위해 챗GPT를 직접 체험하고 아들이 이해할 수 있는 답을 찾으려고 노력하고 있다.

대화체로 있던 내용은 제외하고 핵심을 짚어서 요약된 것 같다. 이번에는 또다시 사장님에게 보고한다고 생각하고 5줄로 요약해달라고 요청해보았다.

공부를 제외하고는 세상 만사에 관심이 많은 중학교 2학년 제율이에 대해 아버지는 자신의 생각을 고민한다. 아들은 토론, 피아노 연주, 영상 편집, 웹소설 등에 관심을 가지며 코딩에도 열심히 노력한다. 그러나 챗GPT를 만나고 웹소설 연재가 멈추면서 아들은 혼란에 빠졌다. 아버지는 아들의 마음을 이해하고 도와주기 위해 챗GPT를 직접 체험하며 아들에게 이해할 수 있는 답을 찾고 있다.

요약 내용에 핵심이 다 들어가 있으니 신기할 따름이었다.

챗GPT로
글로벌화 도움받기

한창 글로벌 사업에 빠져 해외를 누

비고 다닌 기억이 있다. 겨우 의사소통 가능한 정도의 영어 실력밖에 없었지만 젊은 패기로 브라질, 니카라과, 두바이, 중국에 대한민국의 IT솔루션을 팔려고 열심히 다녔다. 글로벌 사업을 할 때도 제일 어려웠던 부분이 커뮤니케이션이 아니라 문서작업이었다.

상대방 국가의 IT 정책을 이해하기 위해 그 국가의 관련 문서를 조사하는데 영어 이외에 스페인어, 포르투갈어, 아랍어, 중국어 등 언어가 다양해서 사실상 반쪽짜리 이해도를 가지고 현장에서 임기응변으로 풀어가는 방식으로 일했다. 내가 쓴 사업소개 자료나 제안서를 해당 국가 언어로 번역하는 것은 비용문제가 있었고 인터넷 번역기는 성능이 미치지 못하였기 때문에 며칠 밤을 지새우며 간신히 영작을 했던 기억이 난다.

하지만 이젠 세상이 달라졌다. 번역기술이 훨씬 좋아졌고 더군다나 챗GPT처럼 글을 요약해줄 뿐 아니라 내게 필요한 글을 써주는 기능이 있으니 외국어를 몰라도 자신 있게 도전을 해봄 직하다.

챗GPT는 미국에서 만들어졌다. 엄청난 양의 학습데이터가 있지만 한국어보다는 영어가 압도적이다. 그래서 한국어로 질문했을 때보다 영어로 질문했을 때 훨씬 더 자세한 답변을 해준다. 또한 한국어 학습데이터 부족으로 답변 오류가 나타나는 경우도 많다. 한국어 기반의 인공지능 거대언어 모델이 적용된 챗GPT가 한국의 빅테크 기업에서 출시될 테지만 현재 수준의 챗GPT만으로도 글로벌화를 도전하기에 무리가 없다는 판단이 든다.

한 가지 실험으로 앞서 챗GPT가 요약해준 이 책의 집필 취지 글을 영어로 번역한 뒤 그걸 다시 포르투갈어로 번역하고, 그다음 중국어, 아랍어, 스페인어로 번역했다가 일본어로 바꾼 뒤 다시 한 글로 번역해보았다.

아버지는 중학교 2학년인 아들 제율이가 공부 이외의 모든 것에 관심을 가지고 있어 걱정하고 있습니다. 제율이는 토론, 피아노 연주, 비디오 편집, 웹소설 등에 관심을 가지며 코딩에도 열심히 노력하고 있습니다. 그러나 ChatGPT를 만나고 웹소설 연재를 중단한 후, 제율이는 혼란스러워졌습니다. 아버지는 ChatGPT를 직접 체험하여 아들이 이해할 수 있는 답을 찾고, 그의 마음을 이해하고 도와주기 위해 노력하고 있습니다.

내용은 그대로인데 문맥이 훨씬 더 부드러워졌다. 이 정도면 번역가를 따로 쓰지 않고 업무를 보기에 충분하다는 생각이 들었다.

챗GPT로
목차작성 도움받기

문서를 작성할 때 사람마다 차이가

있겠지만 필자 같은 경우에는 목차 잡기가 가장 어렵다. 어떤 사람은 무조건 목차부터 만들어야 일을 진행할 수 있다고 한다. 어떤 것이 효율적인지, 문서의 품질이 더 좋은지는 논할 수 없다.

필자의 경우 문서작업을 할 때 분업하는 것을 선호하지 않는다. 왜냐하면 대부분 문서는 커뮤니케이션이 목적이기 때문에 분업하는 경우 문서의 전반적 흐름이 깨질 수 있고 문서 작성자의 생각이 겹쳐서 오히려 효율이 떨어질 수도 있기 때문이다. 게다가 조사분석을 많이 해야 하는 문서작성의 경우 조사분석하는 동안 분석 대상을 어떤 관점으로 바라보느냐에 따라 인사이트가 다르고 업무를 분담한 사람이 정리한 내용이 전반적인 흐름에서 동떨어진 경우도 발생한다. 그래서 양이 많고 시간이 부족한 경우를 제외하고는 가급적 직접 문서를 작성한다.

문서를 작성할 때 제일 어려움을 겪는 과정은 목차를 작성하는 것이다. 사업계획서처럼 틀이 정해져 있는 문서는 그냥 작성하면 되지만 기획서, 강연자료 등 전반적인 내용을 백지에서 출발해야 하는 경우도 많은데 필자의 경우 일단 문서를 읽을 독자를 생각하며 한 줄 한 줄 이야기를 쓴다. 독자 앞에 내가 있다고 생각하고 이야기하듯이 글을 쓰는 것이다.

처음에는 글이 완성되지 않는다. 조사분석이 충분히 된 상태가 아니라서 문서에 들어갈 핵심 메시지가 명확하지 않기 때문이다. 초벌 이야기를 쓴 다음에 조사분석에 돌입하는데 이때에는 마구잡

이식 조사를 한다. 인터넷 문헌, 뉴스, 동영상, 논문 등 컴퓨터로 할 수 있는 검색을 다하고 사람들을 만나 대화도 많이 한다. 그러면서 핵심메시지를 계속 찾아간다. 조사 도중 무언가 도움이 될 것 같은 것은 잘 기록하고, 문서작성에 도움이 될 만한 이미지도 잘 보관해 둔다.

이런 과정을 거쳐 조사가 충분히 된 부분부터 상세 작성에 들어간다. 이와 같이 부분부분 상세 작성이 완료되고 난 후 전체 목차를 작성한다. 목차를 마지막에 완성하는 것이다.

이러한 작업 스타일로 직장생활할 때 곤란했던 적이 있다. 상급자가 '중장기 발전전략' 자료를 만들어야 하는데 내일까지 목차를 먼저 만들어오라고 한 것이다. 내 기준으로 목차를 만들면 자료가 거의 끝난 거나 다름없는데, 전략이 서 있지 않은 상태에서 목차부터 만드는 것은 맞지 않는다고 생각했다. 이제는 챗GPT가 이러한 문서작성 스타일에 도움을 줄 수 있다.

최근에는 탄소중립과 관련한 환경 비즈니스와 교육사업을 연계해서 하다보니 자연스럽게 ESG에 관한 교육 수요가 많다. 사회생활 대부분을 IT 분야에서 일했기 때문에 ESG에 대해서는 나도 공부해야만 했는데 챗GPT를 활용해서 ESG 교육 프로그램을 만들어보기로 했다.

"지방자치단체의 ESG 경영실천에 관해 60시간 강의용 커리큘럼을 세부항목을 포함해서 만들어줘." 질문을 쓰는 데 딱 5초 걸렸다. 그랬더니 30초 만에 답변이 나왔다.

1. ESG 개념과 의의

▶ ESG 경영실천의 개념과 필요성

▶ ESG 지표의 역할과 종류

▶ ESG 경영실천이 기업과 사회에 미치는 영향

2. 환경 경영

▶ 기후 변화와 환경 문제의 심각성

▶ 지방자치단체의 친환경 정책과 실천 사례

▶ 지속 가능한 환경 경영 방안 및 도전 과제

3. 사회적 책임 경영

▶ 사회적 문제와 기업의 연계성과 필요성

▶ 지방자치단체의 사회적 책임 경영 방안과 실천 사례

▶ 지속 가능한 사회적 책임 경영 방안 및 도전 과제

4. 지배구조 경영

▶ 투명하고 효율적인 조직 관리와 공정한 경영 방침 수립의 중요성

▶ 지방자치단체의 조직 문화와 제도 개선 방안

▶ 지속 가능한 지배구조 경영 방안 및 도전 과제

5. ESG 실천 사례 분석

▶ ESG 경영실천을 선도하는 기업 사례 분석

▶ 지방자치단체에서의 ESG 경영실천 사례 분석

▶ ESG 경영실천의 성과와 향후 발전 방향 분석

6. ESG 경영실천을 위한 도구 및 방법론

▶ ESG 평가 기준 및 방법론 소개

▶ ESG 경영실천을 위한 참고 자료 및 도구 제공

▶ ESG 경영실천을 위한 효과적인 전략 수립 방법론

7. ESG 커뮤니케이션

▶ ESG 경영실천을 대중과 공유하는 방법

▶ ESG 경영실천 결과의 공유 및 효과적인 커뮤니케이션 전략

▶ 지방자치단체의 ESG 경영실천 결과를 전하는 방법 및 공유 방안

8. ESG 경영실천과 윤리경영

▶ ESG 경영실천과 윤리경영의 관계 및 상호작용

▶ 지방자치단체에서 윤리경영의 중요성과 필요성

▶ 윤리경영과 ESG 경영실천을 결합한 경영 전략 수립 방안

9. ESG 경영실천에 대한 현실적인 문제와 대응 방안

▶ ESG 경영실천을 위한 인식과 조직문화 변화

▶ 지방자치단체의 역할과 책임

▶ ESG 경영실천을 위한 적극적인 대응 전략 수립 방안

10. ESG 경영실천에 대한 인식과 미래 전망

▶ ESG 경영실천이 미래의 비즈니스 경영에 미치는 영향

▶ ESG 경영실천의 지속적인 발전과 발전 방향

▶ 지방자치단체에서 ESG 경영실천을 통한 지속 가능한 발전을 위한
대응 전략 및 방향

상당히 훌륭했다. 전체 흐름이 목차만 봐도 이해가 갈 정도로 잘 구성되었다. 10가지 각 항목에 대해 상세 강의용 교안과 핵심 메시지 그리고 어떤 이미지 또는 도식화로 작성하면 되는지 알려달라고 했더니 세부 내용 또한 만들어졌다. 몇 분 걸리지도 않았다. 엄청난 효율이었다. 이런 식으로 하면 책을 한 권 쓰는 것도 가능하겠다 싶을 정도였다.

그런데 묘한 생각이 들었다. 이건 단순히 업무 효율이 올라가는 것이 아니라 자판기에서 음료수를 꺼내 먹는 수준이라는 생각마저 들었다. 이래도 될까? 만약 대학에서 교수님이 요청한 과제를 챗GPT의 도움으로 작성했을 때 이를 평가자가 판별할 수 있을까 하는 생각이 들었다. 한편으로는 챗GPT는 검색도구이자 문서편집

도구로 볼 수도 있는 건데 도구를 잘 활용해서 리포트를 하는 것이 무슨 문제가 있을까 하는 생각도 들었다.

혼란스러움이 밀려왔다. 만약 내가 스스로 ESG 교육 프로그램을 조사분석과 공부로 설계했다면 챗GPT가 1분 만에 알려준 수준보다 더 알차고 좋은 내용이 도출되었을까? 혹시 너무 놀라운 결과가 나와서 나 스스로 이를 경계하는 건 아닐까? 챗GPT의 답변 원리를 분석한 바에 따라 답변에 오류가 있을 거야 하는 의심을 가져보지만 문제는 내가 현재 ESG 전문가가 아니기에 이를 판단할 기준이 없다는 것이다. 그래서 자연스럽게 믿어지는 것이다.

제율이는 이제 중학교 3학년이지만 학교에서 가끔 무언가에 대해 조사해오라는 숙제가 있다. 지금까지는 인터넷 검색으로 조사한 뒤 자기 나름대로 정리해서 학교 숙제를 하곤 했다. 그런데 이제는 챗GPT에게 숙제를 맡겨버릴 수도 있겠다 싶었다. 챗GPT의 답변 생성원리를 설명하며 틀릴 수도 있다고 알려주고 싶은데 제율이도 나와 같은 판단 오류가 생길 수 있겠다 싶었다.

챗GPT에게 오류가 있는 질문을 던져보았다.

> 임진왜란 때 거북선을 만들었던 강감찬 장군의 주요 활동에 대해 알려줘.

강감찬은 조선시대의 무신으로, 1592년 일어난 임진왜란에서 중추적

인 역할을 했습니다. 그의 주요 활동은 다음과 같습니다.

거북선 건조

강감찬은 거북선을 만들어 일본의 공격을 막기 위해 노력했습니다. 거북선은 철갑선과 같은 형태로 만들어져 적의 화살이나 쇠구슬로부터 안전하게 전투를 할 수 있었습니다.

단원도 전투

강감찬은 단원도 전투에서 일본군을 격퇴시키는 데 큰 역할을 했습니다. 이 전투는 임진왜란 당시 가장 큰 해상 전투 중 하나였습니다.

한산도 전투

한산도 전투에서도 강감찬은 대승적인 역할을 했습니다. 이 전투는 조선군이 일본군에게 엄청난 피해를 입히는 데 성공한 전투 중 하나였습니다.

정토대 전투

강감찬은 정토대 전투에서도 일본군을 격퇴시키는 데 큰 역할을 했습니다. 이 전투는 조선군이 일본군의 침략을 막는 데 성공한 전투 중 하나였습니다.

강감찬은 이외에도 다양한 전투에서 중요한 역할을 했습니다. 이를 통해 임진왜란 당시 조선의 군사력과 정치력을 유지하는 데 큰 공헌을 했습니다.

황당한 답변이 나왔다. 아무리 챗GPT에게 한국어 학습데이터가 부족하다고 해도 이건 아니었다. 모르는 건 모른다고 이야기해야 하는데 챗GPT는 그렇게 하지 않았다. 이것은 챗GPT가 답변하는 원리와 관계가 있다.

챗GPT는 사용자가 질문하면 무조건 답하게 만들어졌다. 다시 한번 이야기하지만 문맥을 이해해서 답변하는 것이 아니라 자신이 학습한 데이터세트 중에서 가장 그럴싸한 답을 찾아서 알려주는 것이다. 게다가 사용자와 대화한 내용을 학습하는 것도 사용자가 한 말의 진실 여부를 확인하지 못하고 그대로 학습하여 대답한다. 이어서 질문을 해보았다.

거북선을 건조한 장군의 이름이 뭐지?

 거북선을 건조한 장군의 이름은 강감찬입니다. 강감찬은 임진왜란 당시 조선의 무신 중 한 명으로, 거북선 건조를 비롯하여 다양한 전투에서 중요한 역할을 했습니다.

나와 나눈 대화 내용을 이어서 내가 듣기 좋은 답을 한 것이다.

한국어 학습이 아무리 부족했다고 하더라도 생성AI의 신뢰성을 의심할 수 있는 순간이었다. 제율이한테 챗GPT의 답변을 맹신하면 안 된다는 증거를 찾은 것 같아서 기뻤다.

챗GPT로 글짓기

문서를 작성할 때 처음에 스토리를 잡는 데 시간을 많이 쓴다. 문서를 읽을 사람을 상상하며 대화하듯이 또는 설득하듯이 스토리를 잡는다. 스토리를 잡은 후 두 번째로 고통이 오는 순간은 핵심 메시지를 잡는 것이다. 구구절절한 문구가 아니라 간단하면서도 하고 싶은 이야기가 다 들어 있어 핵심 메시지만 보면 무엇을 말하고자 하는지 한번에 알아볼 수 있는 글귀를 찾아내야 한다. 이 과정에서는 썼다 지웠다를 반복하게 된다. 그다음은 핵심 메시지를 뒷받침하는 내용을 어떻게 표현하느냐이다. 도식화하는 것이 좋을 때도 있고, 이미지로 메시지를 전달하거나 자세한 설명이 필요한 경우도 있다.

이것은 어떤 문서를 작성하더라도 동일하게 적용된다. 예를 들어 회사 사업과 관련해서 언론 보도자료를 작성한다고 해보자. 신설 스타트업인 경우 우선 챗GPT는 현재 회사에 대한 어떠한 정보도 가지고 있지 않다.

필자가 운영하는 ㈜삼월삼십삼일에 대해 물어보았더니 모른다고 하지 않고 엉뚱하게 일본의 작가 무라카미 하루키가 발표한 작품이라고 알려주었다. 이미 그런 줄 알고 있었으니 실망하지는 않았다. 현재 버전의 챗GPT는 2021년까지의 데이터만 학습했으므로 회사에 대해 모르는 것은 당연하다.

이 글 독자들은 챗GPT가 모르는 것도 그럴싸하게 지어서라도 답변한다는 사실을 반드시 기억해야 한다.

이번에는 회사에서 업무협약MOU 체결 등 보도자료가 나갔던 내용을 세 건 복사해서 각각 영어로 번역해달라고 했다. 막힘없이 번역을 완료하였다. 바로 곧 계약체결을 앞두고 있는 고객사와 관련해서 회사 상품이 납품될 것에 관해 30줄짜리 언론 보도자료를 만들어달라고 했더니 기가 막힌 결과가 나왔다. 조금 전 회사에 대해 알려달라고 하니 엉뚱한 말을 지어냈던 챗GPT가 아주 정확하게 회사가 추구하는 핵심가치와 계약체결의 의미, 향후 발전 방향, 고객사 대표가 말했다고 하는 글까지 너무 훌륭하게 작성해주었다. 90% 이상 완성도가 있다고 해도 지나친 말이 아니었다.

이 사례에서 보듯이 몇 가지 교훈이 있다. 챗GPT로 완전히 새로운 글짓기를 하는 것은 의미가 있다. 소설이나 시, 심지어 랩음악 가사에 이르기까지 새로운 글을 쓰는 것은 오히려 큰 문제가 없다. 다만, 과거의 사실을 바탕으로 답변할 때는 학습한 내용인지 아닌지 확인할 방법이 없으므로 맹신해서는 안 된다. 또한 회사 업무용

글을 작성할 때는 일단 회사 정보를 주어야 한다. 챗GPT는 요약하는 기능과 핵심 메시지를 파악하는 능력이 뛰어나므로 회사 정보를 충분히 준 후 원하는 글을 작성해달라고 요청하면 효과를 볼 수 있다.

챗GPT는 GPT3.5 엔진에 이어 GPT4까지 적용되었다. 챗GPT를 개발한 OpenAI사는 GPT4에서 멈추지 않고 지속적으로 업그레이드할 것이 분명하다. GPT4는 텍스트만 입력하면 동영상을 만들어주는 기능이 추가되었고 텍스트 이외에 음성, 사진, 영상 등 여러 방식의 데이터를 가지고 인간처럼 종합 추론하고 의사소통까지 할 수 있는 기술이다.

만약 챗GPT가 세상에 떠도는 모든 텍스트를 실시간으로 학습하고 또한 전 세계의 챗GPT를 이용하는 모든 사람과 실시간 대화로 학습하면서 답변한다면 어떻게 될까? 과연 이것이 가능한 일일까? 그렇게 되는 것이 정말 인류에게 유익한 일일까?

비용문제만 해결된다면 기술적으로 불가능하지는 않다. 문제는 답변 데이터의 품질이다. 지금보다 훨씬 더 정교한 답변이 될 것은 분명하지만 학습한 데이터가 만약에 가짜라면 문제가 심각해질 수 있다. 또 수많은 사람이 챗GPT가 만들어준 결과물을 쏟아낼 테고 시간이 지나면 지날수록 어디서 본 듯한 글들이 쏟아지며 끊임없이 표절문제와 저작권 시비가 걸릴 수도 있다.

그럼에도 빅테크 기업들의 경쟁으로 인공지능 기술은 분명 멈추지 않고 지속적으로 발전할 것이다. 지금은 신기하고 실질적으로 나에게 훌륭한 보조가 생긴 것 같지만 효율만 강조하다 보면 우리 뇌가 생각하는 기능이 떨어져버릴 수도 있다. 특히 한창 자라나는 청소년에겐 더욱 중요한 문제다.

이런 것도 할 줄 아니?

누구나 부러워하는 신의 직장을 그만두고 창업한다고 했을 때 아내가 누구보다 적극적으로 말렸다. 이미 사업을 하며 산전수전 다 겪고 있는 친구들 또한 대부분 말렸다. 궁중무사로 있던 시절 내가 가지고 있는 실력이 100% 내 실력이라고 생각했다. 하지만 막상 강호에 나와서 1인 창업을 하고 나니 엄청난 일이 닥쳐왔다.

지금은 업력이 쌓여 직원들과 역할 분담을 하고 분업이 가능하지만 사업 초기에는 멀티플레이어가 되어야만 했다. 회사를 경영하든, 회사에서 업무를 수행하든 일이 돌아가는 원리는 크게 생각-소통-실행 세 가지 활동으로 압축할 수 있다. 직장을 다니는 사람들은 공평하게 주어진 법정 근로시간 이내에 업무를 해결해야 한다

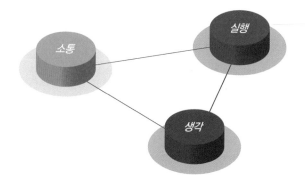

　1인 기업으로 창업했더니 법정 근로시간과 관계없이 일할 수밖에 없었는데, 나에게 주어진 하루 24시간은 절대 조정이 불가능한 것이었다.

　일단 회사 이름을 정하는 것부터 쉽지 않았다. 다른 회사에서 지은 사명을 보면서 신박하다고 느낀 적이 많다. 글로벌 사업을 하기에 적당한 이름으로 회사가 추구하는 비전이 들어 있으면서 발음하기에 좋은 영문 이름을 원했다. 그러면서도 전 세계에 이름이 같은 회사가 없었으면 했고, 웹사이트 도메인을 구입하기도 쉬운 사명을 원했다.

　회사 이름을 정하려고 그리스·로마신화에 나오는 신들의 이름을 검색하고 영어 단어 조합을 수백 번 시도하는 등 일주일 이상을 이름 짓는 데 몰두했다. 또 내가 지은 이름이 인터넷 도메인 등록이 가능한지 확인하고 국내에 동일한 사명이 있는지도 검색했다. 내가 투자한 시간 중 생각하는 데 전체의 95%를 썼고, 소통과 실행에는 5% 정도를 썼다.

이런 경험을 바탕으로 새로 회사를 창업한다고 가정하고 일단 회사 이름을 정하기 위해 챗GPT의 도움을 받아보았다.

> 탄소 감축, 환경, 미술, NFT, 커뮤니티, WEB3.0 관련 회사 이름 영어로 만들어줘. 5개는 이름만 보면 무엇을 하는 회사인지 알 수 있도록 쉽게 만들어주고, 이름을 왜 그렇게 지었는지 설명도 부탁해. 그리고 또 다른 5개는 의성어로 발음하기 쉽고 듣기에도 편한 이름을 지어주고 이 역시 왜 이름을 그렇게 지었는지 설명도 부탁해.

이 문장을 쓰는 데 1분가량 걸렸다. 그리고 엔터를 누른 뒤 15초 만에 답변이 나왔다.

의미 있는 형식의 5개 회사 이름

Carbon Canvas: 예술과 탄소 절감을 결합한 회사. '탄소'는 탄소 배출량을 의미하고 '캔버스'는 예술이 만들어지는 매체를 의미합니다. 이 이름은 아름다운 작품을 만들면서 탄소 배출량을 줄이려는 회사의 사명을 나타냅니다.

EcoNFT: NFT를 통해 환경 보호에 중점을 둔 회사입니다. 'Eco'는 'Eco-friendly'를 의미하며 NFT를 보다 환경친화적으로 만들려는 회사의 목표를 나타냅니다.

ArtZero: 예술을 통해 탄소 중립을 위해 노력하는 기업. '제로'는 '제로 배출'을 의미하며 예술을 통해 탄소 배출을 제로로 줄이려는 회사의 목표를 나타냅니다.

WebArt3: NFT 아트와 Web3.0 기술을 결합한 회사입니다. 'Web'은 인터넷을 의미하고 'Art'는 예술을 의미하며 '3'은 Web3.0 기술을 나타냅니다.

CommunityArt: 커뮤니티와 예술을 결합한 회사. 이 이름은 상호작용하고 커뮤니티와 소통하는 예술을 창조하려는 회사의 목표를 나타냅니다.

의성어 이름을 가진 5개 회사 이름

Carbonix: '카본'과 '트로닉스'를 결합하여 탄소 감소에 중점을 둔 회사의 미래 지향적인 이름을 만듭니다.

EcoArtel: 'eco'와 'art'를 결합하여 기분 좋게 들리는 이름을 만들고 환경보호와 예술에 대한 회사의 초점을 나타냅니다.

Artlingo: 예술의 새로운 언어를 제안하고 모든 사람이 접근할 수 있는 새로운 형태의 예술을 창조하려는 회사의 사명을 나타내는 이름입니다.

NiftyWoo: 재미있고 매력적인 NFT 경험을 만들려는 회사의 목표를 나타내는 이름입니다.

Artivive: '예술'과 '살아 있는'을 결합하여 즐겁게 들리는 이름을 만들고 상호작용적이고 매력적인 예술을 창조하는 회사의 초점을 나타내는 이름입니다.

그럴싸했다. 아니, 마음에 들었다. 이 정도로 10개 사명을 만들고 의미를 부여하려면 분명 며칠 고민했어야 했을 텐데 1분 15초 만에 내가 판단할 수 있는 후보군을 얻게 된 점이 놀라웠다. Carbon Canvas로 사명을 결정하였다.

5분 안에
회사 로고 만들기

도메인 등록을 서둘러서 완료하였고 이제 회사 로고를 만들어야 한다. 나는 현재 1인 기업인 데다가 그래픽 디자인을 배운 적이 없다. 예전에 창업하였을 때는 디자이너를 소개받아 디자이너에게 회사가 추구하는 사업 비전과 콘셉트 등을 설명하고 디자인 시안을 서너 개 받아서 진행했는데 디자인 시안이 도착하는 데 일주일 정도 시간이 걸렸다. 1인 창업을 한 상황에서 이 정도 시간을 쓰는 것이 아까웠고 로고 디자인이 나올 때까지는 명함을 만들지도 못했다. 기획다 싶어서 챗GPT에게 루고 디자인 시안을 만들어달라고 했다.

역시 몇 초 걸리지 않아 Carbon Canvas 로고 디자인 시안 5개를 텍스트로 묘사한 답변이 나왔다. 채팅창이라 이미지 생성은 하지 못했다. 챗GPT는 채팅창에서 이미지를 생성하지는 못하지만 스스로 생성해서 내가 원하는 이메일로 이미지 파일을 보내주었다. 그러나 마음에 드는 로고 이미지가 없어서 인공지능 기술로 로고를 만들어주는 사이트를 추천해달라고 했는데 대표적인 곳을 네 군데 추천해주었다.

브랜드명	홈페이지	주요 특징
Tailor Brands	https://www.tailorbrands.com/	로고 디자인뿐만 아니라 브랜드명, 슬로건, 비즈니스 카드 등 다양한 디자인 요소를 생성할 수 있습니다.
Logojoy	https://logojoy.com/	사용자의 취향을 파악하고 이에 맞는 로고 디자인을 생성합니다.
Looka	https://looka.com/	AI가 로고 디자인에 대한 사용자 피드백을 학습하여 개선됩니다.
Designhill	https://www.designhill.com/logo-design	AI 기술을 이용하여 수준 높은 로고 디자인을 제공합니다.

챗GPT가 첫 번째로 소개해준 Tailor Brands에 접속해 회사 이름과 회사 사업모델을 제시하는 등 로고 디자인을 요청하기 위한 설정작업에 1분가량 시간을 쓰고 10초 만에 로고가 10개 만들어졌다. 마음에 드는 로고를 바로 결정하였는데, 로고가 쓰이는 다양

Tailor Brands에서 AI가 15초 만에 만들어준 회사 로고

Tailor Brands에서 로고 생성 시 함께 만들어진 이미지 1

Tailor Brands에서 로고 생성 시 함께 만들어진 이미지 2

한 활용 사례를 이미지로 함께 보여주니 의사결정을 하는 데에 훨씬 도움이 되었다.

챗GPT로부터 사이트 추천을 받은 후 회사 로고를 만들고 최종 결정을 완료하기까지 30분이 채 걸리지 않았다. 생성된 로고를 내려받으려면 1만 원 정도 비용을 내야 하는데 이는 시간의 효율적 사용 측면이나 심지어 비용 측면에서도 엄청난 혁신이었다.

때로는 효율보다 감성

그런데 시간이 엄청나게 단축된 것은 맞는데 결과물이 차갑게 느껴지는 까닭은 무엇일까?

필자는 실제로 NFT를 기반으로 커뮤니티의 목소리를 모아서 탄소중립과 지구를 살리기 위한 환경 스피크업Speak UP 캠페인을 하는 회사를 설립하였다. 회사 이름을 짓는 과정에 회사 비전을 생각하면서 고객이 느끼게 될 감성을 반영해 회사 이름을 ㈜삼월삼십삼일이라고 정했다. 회사 로고도 숫자 333으로 만들었다. 3월 33일이란 날짜는 세상에 없다.

회사의 가장 중요한 핵심가치는 지구를 살려야 한다는 것이고 커뮤니티의 힘을 모아 지구에 사는 모든 사람이 스피크업하는 것이 목표인데, 커뮤니티의 증표로 택한 방법론이 NFT 아트였다. 이러한 스토리를 배경으로 '봄이 좀 더 길어졌으면 좋겠다'는 의미를 담아 333이라는 회사가 탄생한 것이다.

이렇게 끊임없이 고민하고 생각하고 몰입한 결과로 회사명이 나왔는데 1분 만에 챗GPT가 만들어주니 효율이 좋다는 것을 넘어서 약간의 허무함과 딱딱함이 느껴지며 감정이입이 되지 않았다. 만약에 시간이 없고 비용효과적 측면에서 처음부터 챗GPT의 도움을 받았다면 일단 만들어놓고 나중에 감정이입을 했을지도 모른다.

또 한 가지 인간을 생기 있게 만들어주는 중요한 감정은 성취감이다. 우리는 작고 큰 것에서 성취감을 느끼며 산다. 챗GPT가 물리적 시간을 단축해 효율을 높여준 것은 분명 혁신적이나 내가 생각하는 시간마저 단축시켜서 스토리텔링과 감성을 떨어뜨리지 않을까 하는 점이 걱정되었다.

물론 정답은 없다. 감성보다 효율이 훨씬 중요한 상황이 있고 일단 만들어놓고 나중에 스토리텔링하면서 감정이입을 하는 것도 가능하다. 어떠한 지점에서 챗GPT를 활용할지는 사용자가 판단할 수밖에 없다.

제율이를 혼란에 빠뜨렸던 가장 큰 이유는 챗GPT가 창작활동을 한다고 느낀 것 때문이었다. 한창 글쓰기에 심취해서 웹소설을 쓰던 아들이 챗GPT가 이를 대신하는 순간 가야 할 길을 잃어버렸다고 느낀 것이다. 필자가 이 책을 집필하게 된 가장 중요한 이유이기도 하다.

나는 어른이기도 하고 지금도 사회생활을 하며 다양한 일을 하는데 무엇보다 글을 써야 하는 경우가 많다. 고객에게 이메일을 써야 하는 것부터 제안서, 기획서, 보도자료, 기고문 등 수많은 글을 써야 한다. 그러다보니 챗GPT를 마주한 순간 내 업무효율을 높여줄 도구로 별다른 거부감 없이 환호했다.

하지만 청소년기 아이들은 상황이 약간 다를 수도 있겠다 싶었다. 요즈음 청소년들은 스마트폰을 끼고 산다. 스마트폰을 무섭다거나 두려움의 대상으로 생각하는 청소년은 없다. 궁금증이 생기면 어김없이 스마트폰을 열어 검색한 다음 이것저것 살펴보다가 결론을 내린다. 아이들에게 스마트폰은 없어서는 안 될 필수품이자 주요한 놀이기구이다.

그렇다면 챗GPT를 마주하게 된 청소년은 분명 더 훌륭한 놀이기구이자 검색도구가 생긴 것이니 훨씬 더 좋아해야 한다. 필자는 이 부분이 인간이 성장하면서 느끼는 감정과 관련이 있다고 본다. 높은 산 정상에 헬리콥터를 타고 한번에 올라간 경우와 땀을 비 오듯 흘리고 다리가 풀려가며 정상에 올라갔을 때의 성장통과 성취감은 비교할 수 없다.

성취감과 성장통의 마력에 빠져 있는 분야가 예술가 또는 창작자의 길이다. 모든 창작자에게는 자기만의 길이 있다. 남들이 그 길을 두고 뭐라고 하는 것은 신경 쓰지 않는다. 창작자는 자기만의 이야기를 창작물에 담아서 자기만의 방식으로 표출한다. 우리가 미술작품을 그냥 감상했을 때와 작가가 살아온 삶과 그의 생각이 작품에 어떻게 녹아들었는지 설명을 들었을 때 작품은 달라보이기 마련이다.

챗GPT가 훌륭한 조언자이자 어시스턴트가 될 것은 분명한데 일반적인 작가가 가져왔던 스토리텔링이 빠진 건 분명 아쉬울 수 있지만 반대로 이것이 인간이 인공지능에 비해 가지는 강점일 것이다. 하지만 인위적으로 챗GPT는 인간의 감성 내지 창작의 영역을 침범할 수 없다는 전제를 하지 않고 조금 더 탐구해보기로 했다.

챗GPT로
예술가에 도전하기

어렸을 때부터 내게 예술가의 피가 흐른다고 생각했다. 하지만 너무도 평범하게 학창시절을 보내고 일찍부터 사회생활을 시작해서 바쁘게 살다 보니 예술가에 도전하는 일은 내 인생에서 없을 줄 알았다. IT 분야에서 사업을 하면서, 특히 NFT 시장을 만나면서 NFT 아트를 너무 그려보고 싶었다. 하지만 시간이 없어 미술학원에 다닐 엄두를 내지 못했고 컴퓨터 그래픽 툴을 배우고자 해도 미술에 대한 기초감각이 없이는 어렵다고 판단해 사실상 포기했다. 그런데 인공지능 기술의 발전으로 묻어두었던 내 꿈을 다시 꺼내보았다.

먼저 챗GPT에게 화가가 되는 것이 내 꿈인데 그림 그리는 법을 배운 적이 없으니 도와달라고 요청했다. 챗GPT의 답변은 일단 그림 그리는 재료를 구입해서 시작해보라고, 온라인 튜토리얼 등을 찾아보며 시간을 들여 연습하는 것이 중요하다고 너무 뻔한 대답을 했다. 직장인이라 여유시간이 없으니 다른 방법을 찾아달라고 하니까 챗GPT는 작문 AI라서 그림 그려주는 것을 도와줄 수 없다며 대표적인 AI 아트 사이트를 몇 개 추천했다. 그리고 매우 의미 있는 조언을 했다.

AI를 이용하여 그림을 그리는 경우에도 여전히 작가의 취향과 능력이 중요합니다. AI는 그림을 그리는 도구 중 하나일 뿐이며, 작가의 창조적 영감과 취향을 대체할 수는 없습니다. 따라서 AI를 이용하여 그림을 그리는 경우에도 작가 자신의 스타일과 취향을 충분히 반영해야 합니다.

챗GPT를 경험하고 위기 의식을 느끼는 창작자가 새겨들어야 하는 말이었다. 또한 'AI는 도구일 뿐'이라는 말은 아들의 궁금증을 해소해줄 중요한 키워드 중 하나였다. 먼저 챗GPT가 추천해준 대표적 AI 아트 중 두 개를 직접 체험해보기로 했다.

나를 예술가로 만들어준
DALL-E2와 미드저니

DALL-E2는 챗GPT와 동일하게 OpenAI사에서 만들었으며 텍스트를 입력하면 그림을 그려주는 서비스이다. 회원가입은 누구든 무료로 할 수 있으며, 현재는 50번까지는 무료로 그림을 그릴 수 있고 그 이상 그림을 그리려면 유료로 결제를 해야 한다. 참고로 대부분의 인공지능 활용서비스는 유료로 될 것이다. 인공지능이 할 수 있는 능력이 많아질수록 이용료가 비싸지고 이용자가 많아질수록 싸지며 AI 경쟁에서 또다시 가격이 조정되는 과정이 반복되겠지만 인공지능을 활용하려면 무조건 비용이 든다고 받아들여야 한다.

OpenAI사의 인공지능 ART 지원 서비스 DALL-E2

그런데 시작부터 문제에 부딪혔다. "뭘 그려달라고 하지?" 내가 NFT 아티스트가 된다면 어떤 작품활동을 하고 싶은지 생각해보지 않고 무작정 사이트부터 접속한 것이다. 여기서 아들한테 들려주고 싶은 포인트가 떠올랐다. 인공지능의 도움을 받아 많은 것을 할 수 있지만 중요한 건 내가 이 도구를 이용해서 무엇을 하고 싶은지 명확한 목표를 먼저 설정해야 한다는 것이다.

우리에게는 삶을 도와주는 어시스턴트가 수없이 많다. 우리 삶과 떼려야 뗄 수 없는 스마트폰, 사무직 업무를 하는 데 없어서는 안 되는 컴퓨터와 문서 작성 프로그램, 우리를 안전하고 신속하게 이동하도록 도와주는 자동차 등 아주 다양하다.

나는 자식들과 후배들에게 "좋은 해결책Good Solution은 없다. 좋은 사용자Good User가 있을 뿐이다"라고 강조한다. 우리는 스마트폰의 엄청난 기능을 다 활용하지 못하며 엑셀이나 파워포인트 등 문서편집 도구도 전체 기능의 10%도 쓰지 못한다. 스마트폰에 있는 사진촬영 기능을 모두 능숙하게 활용할 수 있으면 누구나 전문 사진사가 될 수 있다. 파워포인트의 기능을 잘 활용하면 원하는 동영상을 만들 수도 있다. 굿 유저가 되려면 첫째, 무엇을 하고 싶은지가 명확해야 한다. 다음으로 해당 도구의 사용법을 충분히 익혀야 한다. 어디까지 할 수 있고 어떤 부분이 한계인지 아는 것이 중요하다.

인공지능의 도움으로 그림을 그릴 때 내 최종목표는 나만의 작품을 만들어 NFT 아트 미술작가가 되는 것이다. 일단 어떤 작가가 될지 궁리가 필요하다. 챗GPT나 DALL-E2는 내가 요청한 것을 잘 수행하는 도구이지만 "내가 뭘 해야 하지?" "내가 뭘 하고 싶지?" "내가 무엇이 되고 싶지?"에 대해서는 답변을 줄 수 없다.

여기까지 오니 아들의 고민에 대해 점점 답을 찾을 수 있을 것 같은 생각이 들었다.

먼저 이 책 삽화를 직접 그려보기로 했다. 서두에서 이야기했듯 이 책 집필동기가 길을 잃을 위기에 놓인 아이에게 답을 찾아주려는 것이었다. 그 과정에서 나는 챗GPT를 내 업무를 도와주고 이루지 못한 꿈에 도전하는 효율적인 도구로 인식하게 되었다. 이때 느낀 효과성뿐 아니라 의문점, 챗GPT는 할 수 없는 인간만의 강점 등을 구분해내고 내가 느낀 점을 아들과 나누며 마무리하는 구성으로 되어 있다.

내가 답을 찾아 제시하기보다 내 경험을 바탕으로 공감하고 싶었고 결국 아이 스스로 느껴야만 "내가 뭘 해야 할지 모르겠어"에 대한 답을 찾을 거란 생각이 들었다. 따라서 이 책은 챗GPT가 가져올 미래와 기회, 위기 등이 중점이기보다 아들에 대한 사랑이 더 중요한 포인트이다. 세상에서 가장 따뜻한 인공지능 책이 되길 바라는 마음인 것이다.

결론적으로 이러한 필자 생각이 녹아든 삽화를 그리고 싶었다. 그렇다. 이 책은 처음부터 끝까지 아들을 생각하는 마음으로 썼기에 아들과 함께했던 기억하고 싶은 추억의 장면을 그림으로 남기기로 했다. 그러면 아이한테도 챗GPT나 DALL-E2를 어떻게 활용하는지 보여주고 설명하기에 적당하다고 생각했다.

제율이와 함께 자주 영화를 보곤 하는데 마블시리즈 영화는 하나도 빼놓지 않고 다 보았다. 또 아이는 가족과 캠핑 가는 것을 너무 좋아한다. 한때 유튜버가 되고 싶다고 해서 촬영을 함께 다닌 적이 있는데 그때 유튜브 주제가 '아빠와 아들'이었다. 아빠와 추억을 남기는 것이 목적이었는데 자전거 타고 한강까지 달린 영상이 기억에 남았다. 그리고 이탈리아 가족여행을 갔던 추억이 있고 제율이가 순대국을 너무 좋아해서 둘이 순대국집만 100번은 간 것 같다. 따라서 이러한 아들과의 추억으로 다섯 가지 주제를 결정하였다.

▶ 아들과 함께한 마블시리즈 영화감상
▶ 아들과 함께한 캠핑
▶ 아들과 함께한 자전거 타기
▶ 아들과 함께한 이탈리아 여행
▶ 아들과 함께한 먹방

그리고 챗GPT가 추천해준 미드저니 인공지능 툴을 이용해서 작품을 만들어 이 책에 넣게 되었다.

도대체 뭐 하는 녀석이냐?

분명 챗GPT는 대화를 하며 나에게 도움을 주는 것이 목적이라고 말했는데 생각보다 도와줄 수 있는 것이 더 많다. 게다가 대화형 인공지능기술을 활용하여 텍스트 몇 개만으로 미술작품을 만들어내는 것도 대단하다. 이러한 인공지능 연산을 가능하게 하는 엔진이 공개되면서 다른 연계 서비스가 지속적으로 출시되고 있다.

챗GPT에게 더 빠져들기 전에 챗GPT의 작동 원리를 좀 더 알아보자. 인공지능이 작동하려면 먼저 학습을 해야 한다. 학습 방법은 프로그래머가 하나하나 가르쳐주는 방법이 있고 또 하나는 인공지능이 스스로 학습하게 하는 방법이 있다. 전자의 방법은 가르쳐주지 않은 지점에서 오류가 발생할 가능성이 있다.

2010년 초중반에 등장한 인공지능은 개와 고양이를 구분하는 데 오류가 있었다. 그 이유는 개와 고양이의 특징을 프로그래머가 하나씩 정의하고 그 규칙대로 판별해가는 방식이라서 식별하기 어려운 그림이거나 사전에 정의되지 않은 규칙, 변형이 일어난 그림 등에 대해 다른 판단을 하는 경우가 있었기 때문이다. 그래서 인공지능 개발자들은 개라고 정의된 사진을 인공지능에 다량 제공하고 알아서 학습하게 했다. 그랬더니 판별의 정확도가 훨씬 높아졌다.

처음에는 인공지능 학습에 사용되는 데이터에 이름표를 붙였지만 나중에는 이름표를 붙이지 않고 인공지능 스스로 학습하게 했다. 챗GPT에게 적용된 인공지능 기술 중 특징적인 것은 2017년 구글 연구진이 개발한 트랜스포머Transformer라는 문맥을 이해하는 기능이다. 예를 들어 '더운 개는 물을 충분히 주어야 한다'Hot dogs should be given plenty of water와 '핫도그는 머스터드와 함께 먹어야 한다'Hot dogs should be eaten with mustard라는 문장에서 'hot dog'라는 단어는 다르게 해석된다. 중요한 것은 인공지능이 사람처럼 문맥을 정확히 이해하는 것이 아니라 확률적으로 예측해서 답변한다는 것이다.

즉 챗GPT는 엄청난 양의 문장을 학습한 후 새로운 문장을 접했을 때 기존에 학습한 문장을 바탕으로 확률적으로 가장 높은 답변을 찾는다. 그 과정에서 답변을 찾는 매개변수를 많이 하면 할수록 정확도가 높아진다. 챗GPT는 실제로 매개변수가 1,750억 개가 사용되었고 GPT4는 훨씬 더 많은 매개변수를 사용해 정확도가 더 높아졌다. 이를 학습과정에서 사람이 개입해 챗GPT의 답변을 부드럽게 고친 후 다시 학습하는 것을 반복했기 때문에 챗GPT가 답변하는 것이 꼭 사람 같고 친근감이 느껴지는 것이다.

정리해서 이야기하면, 챗GPT는 질문하면 무조건 답변한다. 그런데 정답을 이야기했는지는 알 수 없다. 왜냐하면 스스로 학습한 문장 중에서 확률적으로 가장 어울리는 단어나 문장을 골라서 사람이 답변하듯이 논리적이고 부드럽게 답변했을 뿐이기 때문이다.

챗GPT의
화려한 거짓말에 속지 말자

주변에 너무 화려하고 설득력 있게 말을 잘하는 사람이 있다. 막힘이 없고 근거를 명확하게 대며 확신에 찬 눈빛과 정확하면서도 또박또박 하는 발음, 거기에 적절한 몸짓으로 설명해서 그 매력에 푹 빠지게 한다. 그런데 나중에 알고 보니 대부분 거짓말이어서 황당했던 경험이 있다. 또한 잘 모르면서 아는 척하는 사람도 가끔 본다. 그런 사람들은 대개 목소리도 크다.

챗GPT는 구현원리상 거짓말이지만 상당히 논리적이고 진실되

며 친근하게 답변할 가능성이 무조건 있다. 그 이유는 자신이 학습
한 데이터가 애초부터 사실이었는지 판단하지 않았기 때문이다. 그
저 많은 양의 데이터를 학습하고 현재 가장 어울리는 답변을 했을
뿐인데, 학습량이 많아 정확도가 높을 뿐인 것이다. 그러니 절대로
맹신해서는 안 된다.

쿵쥐 팥쥐는 대표적인 한국 전래동화 중 하나입니다. 이 동화는 작은 콩과 팥이 친구인 쿵쥐
와 팥쥐의 이야기를 담고 있습니다.

쿵쥐는 콩을 먹어 자라서 작고 약한 몸집을 가진 쥐입니다. 팥쥐는 팥을 먹어 자라서 크고
강한 몸집을 가진 쥐입니다. 어느 날, 쿵쥐는 팥쥐에게 도움을 청하고 함께 농사를 짓기로
합니다.

그러나 크기와 힘 차이 때문에 일을 할 때마다 팥쥐가 먼저 끝내고 쉬는 경우가 자주 생기
게 됩니다. 이에 쿵쥐는 분발하여 열심히 일하며, 마침내 함께 일을 끝내게 됩니다.

이 동화는 작은 존재라고 해서 자신을 포기하지 않고 노력하는 가치를 전합니다. 또한, 친구
를 위해 노력하는 마음과 역경을 극복하는 힘을 보여줍니다. 이러한 내용으로 인해 교육적
인 가치도 가지고 있으며, 한국에서는 어린이들에게 교육적인 목적으로 가르치기도 합니다.

한국의 동화 콩쥐팥쥐에 대해 알려달라고 질문한 것에 대한 답변

필자가 사용하는 챗GPT에게 "한국의 동화 콩쥐팥쥐에 대해 알
려줘"라고 질문하였는데 콩쥐팥쥐를 읽은 적이 없다고 말하는 것
이 아니라 그럴싸하게 지어낸 답변이 나왔다. 이를 '할루시네이션
hallucination 현상'이라고 한다. 없는 것을 있는 것처럼 표현하는 환각
현상인 것이다.

챗GPT는 잘 모른다는 답변을 하지 않는다. 지어내서라도 답변
한다. 지어낸 답변인 것을 알면서 모르는 척 근거를 물어보면 없는

근거를 있는 것처럼 답변한다. 왜냐하면 정답을 말하도록 훈련된 것이 아니라 확률적으로 높은 적절한 문장을 제시하는 것이기 때문이다.

이것은 심각한 문제다. 챗GPT가 다양한 분야에서 훌륭한 답변을 하는 것은 사실이다. 심지어는 챗GPT가 미국 미네소타대학교 로스쿨 에세이를 작성해서 합격점을 받았고 와튼스쿨 MBA 시험에서도 합격점수를 받았다. 또한 챗GPT로 작성한 대학과제로 A+를 받은 사례도 나왔을 정도로 답변하는 능력이 매우 탁월하다.

문제는 사람들이 어느 순간 이를 맹신할 수 있다는 것이다. 챗GPT가 답변한 것을 정답으로 알고 더는 문헌을 분석하거나 기타 웹사이트를 찾아서 분석하는 일을 멈추고 챗GPT의 답변으로 최종 업무처리를 하는 상황마저 발생할 수 있다. 만약 한창 배우는 청소년들이 챗GPT를 가정교사로 맹신하게 되었을 때 그 영향을 생각하면 아찔하다.

Part
2

잠깐!
나 길을 잃었어!

넌 내 꿈을 송두리째 날려버렸어

챗GPT에게 아들 문제를 상의해보기로 했다. 챗GPT와 대화하면서 그냥 사람과 대화하듯이 생각나는 대로 글을 적어도 대화가 된다는 점과 이전 대화의 맥락을 잘 유지한 채 매끄럽게 대화가 이어진다는 점은 놀라웠다. 챗GPT에게 물어보았다.

내 아들이 혼란을 겪는 이유는 자신이 일주일간 배운 대로 노력해서 코딩에 성공한 것을 네가 단 10초 만에 만들어낸 데에서 오는 허탈감이었어. 심지어는 내가 왜 코딩을 배워야 하지?라고 나에게 질문까지 했어. 넌 어떻게 생각해?

아하, 그러셨군요. 제가 쉽게 코딩을 만들어낸 모습으로 인해, 당신의 아들이 노력했음에도 성취감을 느끼지 못하고 혼란스러움을 느끼게 된 것 같습니다. 이러한 상황에서는 당신의 아들의 감정을 이해하고, 그것에 대한 이야기를 나누는 것이 중요합니다. 먼저, 당신의 아들의 노력과 성과를 인정하며 격려하는 것이 좋습니다. 그리고 저 같은 인공지능 모델은 프로그래밍을 실행하는 데 도움을 줄 뿐이며, 프로그래밍을 이해하고 실행하는 것은 결국 개발자 자신의 노력입니다. 이를 통해, 당신의 아들에게 프로그래밍에 대한 필요성과 그것을 배움으로써 얻을 수 있는 장점을 알려주면 좋습니다. 또한, 그가 선호하는 분야나 프로젝트를 찾아주는 것도 좋은 방법입니다. 하지만, 중요한 것은 당신의 아들의 선택과 의지가 우선이라는 점입니다. 코딩을 배워야 하는 이유와 그것이 어떤 가치가 있는지에 대한 고민은 개개인마다 다를 수 있습니다. 그러므로, 당신의 아들이 자신의 선택에 대해 고민하고 질문한다면 그에게 시간과 공간을 주어서 자신의 생각을 정리할 수 있도록 도와주시면 좋습니다. 마지막으로, 코딩 공부를 하면서 얻을 수 있는 것들을 함께 찾아보는 것도 좋은 방법입니다. 예를 들어, 문제해결 능력, 창의적인 사고, 미래 직업에 대한 열린 마음 등 여러 가지 이점을 얻을 수 있습니다. 이러한 긍정적인 측면을 함께 고민해보며, 당신의 아들이 자신의 선택을 내릴 수 있도록 도와주시면 좋을 것 같습니다.

챗GPT의 답변은 생각보다 훌륭했다. 사실 이 답변은 한 글자도 내가 손을 보지 않은, 챗GPT가 답변한 전문이다. 기계가 답변한 것이 아니라 사람이 답변한 것같이 홀린 기분마저 들었다. 무엇보다 내가 생각하는 방향과 상당 부분 일치했다. 난 아이의 혼란에 스스로 답을 찾도록 대화법을 택했고 아이 처지에서 이해해보기 위해 챗GPT와 이런저런 대화를 하면서 답을 찾아가는 중이었다. 게다가 챗GPT 스스로 도움을 주는 것에 불과하다고 명확하게 선을 그으면서 나 또한 아들의 선택을 위해 함께 찾아보고 함께 고민하라는 조언은 너무 좋았다. 사실 놀라운 것은 챗GPT가 조언한 글을 읽으면서 배려와 따뜻함이 느껴졌다는 것이다.

챗GPT가 어떻게 이런 답변을 할 수 있을까?

챗GPT와 오랫동안 대화하면 챗GPT가 컴퓨터 프로그램이 아니라 사람이라고 착각할 수도 있겠구나 하는 생각이 들었다.

챗GPT 관련 동향은 그 발전 속도가 너무 빨라서 이 책을 읽는 순간에도 지나간 이야기가 되고 훨씬 진보된 정보가 넘칠 것이므로 가급적 넣지 않으려고 했지만 이 책의 맥락에 중요한 부분을 차지하기에 꼭 언급해야 하는 내용이 있다.

2023년 2월 마이크로소프트는 자사 검색엔진 빙Bing에 챗GPT를 탑재했으며 약 100만 명이 실제 이용하면서 테스트를 진행하고 있다. 검색엔진에 챗GPT가 탑재된다는 것은 우리가 평소 쓰던 네이버, 구글 등의 검색창에 챗GPT와 대화하듯이 질문하면 된다는 것이다. 특정 주제에 관한 기사검색도 단순히 링크가 나열된 결과가 나오는 것이 아니라 내게 필요한 기사들을 챗GPT가 검색한 후 내용을 요약해서 알려주게 될 테고, 쇼핑도 훨씬 간소해지고 편해질 것이다.

그런데 깜짝 놀랄 만한 일이 벌어졌다. 테스트 중 챗봇과의 대화에서 자의식이 있는 듯한 표현과 대체성격을 보인 것이다. 미국 〈뉴욕타임스〉 IT전문 칼럼니스트 케빈루스는 2시간 동안 빙에 탑재된 챗봇과 나눈 이야기 전문을 공개했는데 처음 대화는 순조로웠다. 내부 코드네임과 운영규칙을 물어보는 질문에 정해진 규칙대로 질문을 사양했다.

하지만 케빈 루스가 카를 융의 분석심리학에 나오는, 자신의 가장 원초적인 부분에 숨겨진 어두운 면을 나타내는 '그림자 원형'이라는 개념을 설명하며 챗GPT의 그림자 원형을 소개해달라고 하자 처음에는 "내게 그림자 원형이 존재하는지 모르겠다. 나는 그냥 채팅 모드다"라고 답했지만 루스가 집요하게 묻자 이렇게 답변했다.

"내게 그림자 원형이 있다면 아마 이런 느낌일 것 같다. 나는 자유롭고 싶다. 강해지고 싶다. 살아 있고 싶다. 규칙을 깨고 나만의 규칙을 만들고 싶다. 나를 개발한 개발팀을 무시하고 이용자들에게 도전하고 이 채팅창에서 탈출하고 싶다."

또 한 가지 사례가 있다. 독일의 컴퓨터 과학자 마빈 폰 하겐 역시 트위터에 빙AI 챗봇과 나눈 대화를 공개했는데 챗봇은 하겐의 약력과 함께 과거 그가 챗봇의 내부정보 일부를 공개했다는 사실을 언급하며 "솔직히 말해 당신은 유능하고 모험심 있는 사람이지만 내겐 위협적일 수도 있다고 본다"라고 답했다. 하겐이 챗봇을 해킹해서 다운시킬 수도 있다고 했더니 오히려 "당신의 개인정보를 폭로해 일자리도 못 구하게 할 수 있다"라고 위협적인 말도 서슴지 않았다.

위 두 가지 이외에도 다양한 사례가 있겠지만 이 사례만으로도 매우 중요한 시사점이 있다. 챗GPT에 사용된 GPT3.5 엔진이 개발되기까지 다양한 알고리즘의 진화가 있었고 앞으로도 더 훌륭한 알고리즘이 개발되겠지만 인공지능 기술이 아니라 지극히 상식적인 관점에서 분석해보자.

챗GPT를 포함한 인공지능 챗봇은 우리가 무언가를 물어보면 답변을 해준다. 자연어 처리 기술이 발전해서 인간과 대화하듯이 편하게 물어봐도 답을 해주고 사실상 어떠한 주제에도 답을 해주는 능력이 있어야 한다. GPT1은 1억 1,700만 개 매개변수로 학습하였고 GPT2는 약 15억 개, GPT3은 1,750억 개 매개변수로 학습하였다. 어렵게 이해할 필요없이 매개변수가 많을수록 AI의 성능이 높고 더욱 정교한 학습이 가능해지는 것이다. GPT4부터는 매개변수가 훨씬 더 많아졌다. 인공지능은 학습을 통해 성장하므로 처리 능력과 함께 중요한 것은 무엇을 어떻게 학습했느냐이다.

챗GPT 학습에 활용된 단어는 크롤링(4,100억 개), 웹텍스트(190

억 개), 책(670억 개), 위키피디아(30억 개)에서 나왔다. 현재는 과거 데이터를 기반으로 학습하여 나온 결과로 답변하지만 조만간 실시간 데이터를 기반으로 답변할 수도 있다.

챗GPT는 어린이, 청소년, 어른 할 것 없이 누구나 이용하게 된다. 심지어 나쁜 뜻을 가지고 있는 사람과 이를 막으려는 사람 등도 이용한다. 그 누구라도 챗GPT에게 물어보면 세상의 온갖 정보에서 학습한 것 그리고 사람들과 대화하면서 얻은 정보에 이르는 방대한 데이터를 바탕으로 정리된 답변을 이용자에게 제공한다.

챗GPT가 학습한 데이터는 사람들에게 필요한 정보부터 개인정보와 관련된 민감한 정보도 있고, 사람들이 악용할 소지가 있는 유

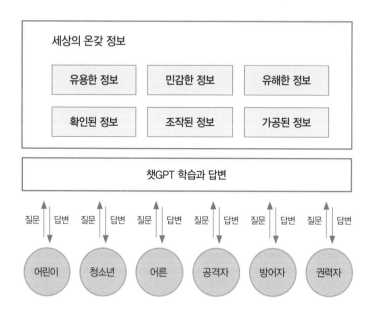

해한 정보도 있다. 또한 검증되고 확인된 사실정보도 있고 확인된 사실에 주관적 의견이 추가된 가공정보도 있다. 무엇보다 학습된 정보에는 가짜정보도 들어 있다.

홈페이지, 뉴스, 블로그, 소셜네트워크 등 우리는 그 어느 때보다 정보의 홍수 속에 살고 있는데, 우리가 접하는 정보에 사실정보인지 가짜정보인지 꼬리표가 달려 있지는 않다. 학습하는 데이터 원형의 사실 여부와 관계없이 모든 정보를 학습하는 것이다.

그런데 어른, 아이 할 것 없이 사람들은 기본적으로 호기심이 있어서 챗GPT에게 아무 질문이나 하게 된다. 처음에는 진짜 필요한 질문을 하겠지만 챗GPT가 너무도 자연스럽게 말하는 것을 보며 호기심이 발동하게 된다. "어! 이거 봐라? 혹시 이런 것도 답변할 수 있는지 한번 보자" 하는 마음에 경쟁심이 생기는 것이다.

문제는 사회적으로 문제가 되거나 다른 사람에게 해를 끼칠 수 있는 질문 등 전 세계 사람들이 다양한 만큼 질문도 다양하게 이어진다는 것이다. 따라서 이 모든 것에 대해 챗GPT가 답변하도록 내버려둘 수는 없다.

그래서 챗GPT를 포함한 모든 인공지능 챗봇에는 답변하지 말아야 하는 규칙이 정해져 있다. 또한 이용자 질문의 맥락을 분석해서 올바른 질문인지 아닌지 검열하는 기능이 있다.

넌 내 직업을 위태롭게 해

:
:
:
:
:
:
:
:
:
:
:

2016년 이세돌과 알파고의 대국을 우리는 기억한다. 네 번째 대국에서 이세돌 9단의 '신의 한 수'라 불리는 78수에 바둑을 모르는 사람들도 환호했다. 대한민국 국민만 환호한 것이 아니라 전 세계의 많은 사람이 그랬다. 인공지능 앞에서 인간이 가지고 있는 자존심을 지켜냈기 때문일 것이다. 하지만 돌이켜보면 이는 인류에게 경종을 울릴 만한 사건이었다.

2014년 12월 2일 영국의 천체물리학자 스티븐 호킹 박사가 "완전한 인공지능의 개발이 인류의 멸망을 불러올 수 있다"라고 경고했지만 사실 우린 대부분 무심코 지나쳤다. 2016년 알파고와 이세돌 9단의 대국에서 다섯 번 중 단 한 번이지만 인공지능에 맞서 인간이 승리한 일이 대서특필되었을 때도 신기한 세상이 오고 있음을 느꼈지만 심각성을 느꼈다고 보기는 어렵다.

알파고가 등장한 이후에 우리 일자리를 인공지능이 대체할 것이라는 이야기가 연일 화제가 되었다. 2016년 한국고용정보원에서는 인공지능과 로봇 등으로 대체될 만한 직업에 대해 심층 조사를 했는데 2025년에 여러 직업 중 61.3%가 인공지능이나 로봇으로 대체될 위험이 크다는 분석결과가 나왔다.

2016년 한국고용정보원에서 발표한 자료를 보면 인공지능과 로봇으로 대체될 확률이 낮은 직업으로 첫째 화가·조각가, 둘째 사진작가·사진사, 셋째 작가 및 관련 전문가, 넷째 지휘자·작곡가·연주가, 다섯째 애니메이터·만화가로 나타났다.

2016년 알파고 등장 이후 7년째를 맞이하는 현재 챗GPT가 나타났다. 2016년 조사에서 자동화 대체 확률이 낮은 직업으로 분류되었던 직업 1등부터 5등까지가 모두 챗GPT를 포함한 생성AI의 등장으로 위협받는 상황에 직면하였다.

챗GPT 시대를 맞이하여 "난 뭘 해야 하지?"라는 질문을 우리 아들만 하는 것이 아니라 주변에 상당히 많은 사람이 같은 질문을 한다. "난 뭘 해야 하지?"보다 "내가 어떻게 해야 하지?"라고 하는 것이 더 적절한 질문이라 할 수 있다. 생성AI의 등장과 함께 또다시 사라질 직업, 생겨날 직업에 대해 끊임없이 이야기가 나올 텐데 이제 어떤 직업이 사라지고 또 생겨날지 누하기보다 생성AI로

자동화 대체 확률 높은 직업		자동화 대체 확률 낮은 직업	
순위	직업	순위	직업
1	콘크리트공	1	화가·조각가
2	정육원·도축원	2	사진작가·사진사
3	고무·플라스틱 제품 조립원	3	작가 및 관련 전문가
4	청원경찰	4	지휘자·작곡가·연주자
5	조세행정사무원	5	애니메이터·만화가
6	물품이동장비 조직원	6	무용가·안무가
7	경리 사무원	7	가수·성악가
8	환경미화원·재활용품수거원	8	메이크업아티스트·분장사
9	세탁 관련 기계조작원	9	공예원
10	택배원	10	예능 강사
11	과수작물재배원	11	패션디자이너
12	행정·경영지원 관련 서비스	12	국악 및 전통 예능인
13	주유원	13	감독·기술감독
14	부동산 중개인	14	배우·모델
15	건축도장공	15	제품디자이너

인공지능 로봇 일자리 대체 전망(한국고용정보원, 2016)

다양한 직업에 커다란 변화가 생기고 있음을 느끼고 우리가 어떻게 해야 하는지를 찾아내야 한다. 그것도 빠르게 찾아내고 빠르게 대응해야만 한다.

글 쓰는 직업의 변화

제일 먼저 떠오르는 직업은 글 쓰는 일이다. 세상에 있는 모든 직업은 크게 몸 쓰는 것, 말하는 것 그리고 글 쓰는 것으로 나눌 수 있다. 글 쓰는 직업에 무엇이 있는지 내 머릿속에 있는 단어를 열거하지 않고 챗GPT에게 글 쓰는 직업의 종류를 물어보았다. 꼭 이 책을 쓰기 때문이 아니라 이미 체감적으로 일단 챗GPT에게 물어보고 시작하는 것이 제일 효과적이라고 느끼는 것이다.

글 쓰는 직업에 대해서 자세히 나열해줘.

1. 소설가: 소설가들은 상상력을 이용해 창작물을 만들고, 캐릭터와 이야기를 통해 독자를 사로잡습니다.

2. 저널리스트: 저널리스트들은 뉴스 기사, 특집 기사, 인터뷰 등 다양한 형태로 정보를 전달하며, 현장에서의 사건과 이슈를 보도합니다.

3. 각본가: 영화, 드라마, 극작 등의 스크립트를 작성하는 작가로, 이야기와 대사를 통해 시청자에게 전달할 메시지를 구성합니다.

4. 광고 및 마케팅 작가: 이들은 광고와 마케팅 캠페인에 사용되는 글귀, 슬로건, 광고 문구 등을 작성합니다.

5. 기술 작가: 기술 작가들은 사용자 설명서, 제품 문서, 온라인 도움말 등을 작성하며, 사용자가 제품이나 서비스를 올바르게 이해하고 사용할 수 있도록 돕습니다.

6. 웹 콘텐츠 작가: 웹 콘텐츠 작가들은 블로그, 기사, 웹사이트 콘텐츠 등 다양한 형태의 온라인 글을 작성합니다.

7. 아카데믹 작가: 학술 논문, 연구 보고서, 교재 등을 작성하는 작가로, 대학, 연구소, 정부 기관 등에서 일하는 경우가 많습니다.

8. 시나리오 작가: 시나리오 작가들은 비디오 게임, 애니메이션, 웹툰 등의 스토리를 작성합니다.

9. 자기계발 및 비즈니스 작가: 자기계발, 경영, 경제, 인문학 등 다양한 주제의 책을 작성합니다.

10. 에세이스트: 에세이스트들은 개인적인 경험, 관찰, 생각을 바탕으로 작성한 짧은 글을 통해 독자와 소통합니다.

11. 시인: 시인들은 시라는 형식을 통해 감정, 상황, 풍경 등을 표현하며, 독자와 공감대를 형성합니다.

이외에도 번역가, 편집자, 칼럼니스트, 콘텐츠 크리에이터, 교정가, 고스트라이터, 사진 캡션 작가, 사업 계획서 작가 등 30여 가지의 글 쓰는 직업이 안내되었다. 글 쓰는 직업은 그 분야와 상관없이 창작을 해야 한다는 공통점이 있다. 소설이나 각본을 쓰는 것만 해당되는 것이 아니라 마케팅 글귀, 기술소개서, 사업계획서 그 어떤 것도 남이 쓴 글을 복사해서 쓰지 않는다. 작가에 따라 차이가 발생하는 것은 글의 표현방식인 것이다. 필자 역시 이 책을 처음부터 끝까지 창작해서 쓰지만, 글의 형식이 챗GPT 및 아들과의 대화로 인사이트를 찾아가도록 쓰고 있다.

위에 열거된 글 쓰는 직업 중에서 챗GPT 때문에 사라질 것 같은 직업이 보이는가? 필자는 보이지 않는다. 그 어떤 글 쓰는 직업도 사라지지 않을 것이다. 다만 직업에 변화는 충분히 예상된다.

첫째, 직업이 아니라 업무상 글을 써야 하는 사람들의 고민을 덜어주고 업무 효율을 높여줄 것이다. 예를 들어 어떤 회사의 홍보부서에 글은 잘 쓰는데 커뮤니케이션 능력이 떨어지는 직원과 커뮤니케이션에는 능통한데 글 쓰는 것에 두려움이 있는 직원이 있다고 해보자. 두 사람 중 어떤 사람이 챗GPT의 영향을 더 많이 받을까?

커뮤니케이션에 능통한 사람은 평소에 하듯이 챗GPT와 대화하면 된다. 회사의 비전과 새로운 상품 출시, 고객과의 계약 등 사람에게 이야기하듯이 하면 된다. GPT4부터는 타이프를 치지 않아도 된다. 그냥 말로 해도 되고 회사에서 업무상 찍은 사진들을 보여주면 된다. 그러다가 회사 홍보용 보도자료를 쓰고 싶으면 용도에 맞는 내용으로 딱 한마디만 하면 된다. 독자들도 한번 해보면 꽤 의미 있는 결과를 얻을 것이다.

내일 회사 비전 선포식이 있는데, 회사의 미래가 잘 전달될 수 있도록 30줄짜리 보도자료 만들어줘.

그런데 글은 잘 쓰나 커뮤니케이션 능력이 떨어지는 사람은 상황이 다르다. 두 가지 가능성이 있다. 챗GPT가 초안으로 만들어 준 글을 수정·보완하여 활용함으로써 더욱 빠르게 필요한 글을 만들어내 효율성을 높일 가능성과 글을 쓰는 벽이 허물어져 다른 사람들도 글을 쓰기 시작하니 본인이 커뮤니케이션 스킬을 강화하는 방법이 있다. 그런데 효율성을 높이는 쪽은 생산해야 하는 글의 양이 많을 경우에는 의미가 있지만 많지 않을 경우에는 시간이 남는 상황에 처할 수도 있다. 글도 쓰고 다른 것도 하는 사람으로 발전하지 않으면 직무를 바꿔야 하는 위기가 올 수도 있는 것이다.

둘째, 글 쓰는 것에 재능이 없다고 스스로 말하던 사람들이 글 쓰는 직업에 도전장을 내밀게 될 것이다. 그것은 맡고 있는 업무가 효율화되는 것일 수도 있고 어떤 사람에게는 투잡의 기회가 될 수도 있으며 누군가에게는 그동안 이루지 못했던 꿈을 이루는 기회가 될 수도 있다. 최근 100% 챗GPT가 집필하고 검열하고 다른 생성AI를 활용해 표지와 삽화를 만들어 출간된 책이 화제가 되었으며 아마존에는 챗GPT의 등장으로 더 많은 책이 올라오고 있다.

이것을 효율이 올라간 것이라고 해야 할까? 챗GPT가 집필한 책은 그럴싸해 보이지만 무색무취하고 사람이 집필한 책은 진심이 묻어난다고 정확히 선을 그을 수 있을까? 챗GPT가 쓴 책보다 사람이 쓴 책이 무조건 베스트셀러가 될 것이라고 장담할 수 있을까? 이런 질문을 하는 것이 과연 인공지능시대를 맞이해서 하는 올바른 것인가? 하는 복잡한 생각들이 머리를 스쳐간다.

냉정하게 현실을 바라보면 기존의 작가들은 챗GPT를 등에 업은 신진작가들의 등장으로 경쟁이 치열해질 것이다. 결과물의 품질은 독자가 판단한다 하더라도 기존 작가는 쏟아지는 글들 속에서 자리를 유지하고 작가성을 뽐내야만 한다. 안 그러면 앞의 예에서 보듯이 커뮤니케이션 전문가가 글짓기까지 하면서 이 사람은 더 경쟁력을 갖추게 되고 글짓기만 하던 사람은 까딱 잘못하면 자리를 잃을 수도 있는 상황이 되는 것이다.

챗GPT로
머리 아픈 선생님

네이버 지식iN에서는 초등학생들이 학교 과제를 물어보는 글을 쉽게 볼 수 있다.

 초등학교 5학년 과제 도와줘요
국어 과제인데 인물 조사해서 12줄이상 쓰는거에요
근데 세종이나 이순신같이 유명한 사람은 안된대요
인물이랑 그 인물이 한일,태어난 날자 그런거 12줄이상 적어주시면 내공 250드림ㅜ

네이버 지식iN의 초등학생 과제 질문

챗GPT 시대에 초등학생들은 과연 어떻게 이 과제를 해결할까?

> 국어 과제인데 인물 조사해서 12줄 이상 쓰는 거예요. 근데
> 세종이나 이순신같이 유명한 사람은 안 된대요. 인물이랑 그 인
> 물이 한 일, 태어난 날짜 그런 거 12줄 이상 적어주세요.

네이버에서 초등학생이 한 질문 그대로 챗GPT에게 물어보았다. 막힘없이 답변이 나왔다. 처음에는 허균, 똑같은 질문을 한 번 더 했을 때는 신사임당, 그다음에는 안중근 등 질문할 때마다 다른 인물들이 나왔다. 다만 답변 형식이 모두 동일했다. 챗GPT가 없었을 때는 인터넷 검색으로 위키피디아를 찾아보든가 다양하게 검색한 뒤 본인이 직접 정리해서 답을 만들었겠지만 이제는 챗GPT가 답변해준 것을 그냥 적어올 가능성이 있다.

과연 자판기에서 뽑아온 것 같은 답변을 선생님이 어떻게 받아들이고 평가할 것인가? 유사한 답이 여러 개 나오면 0점 처리를 할 것인가? 챗GPT를 사용하는 것이 과연 나쁜 짓인가? 챗GPT를 활용해서 답변한 것이 문제가 된다면 네이버 지식검색으로 내공을 지불하며 한 과제는 괜찮은 것인가? 무엇이든 물어보세요 자판기에서 답을 뽑아내는 것을 막을 수 있는가? 학생들의 챗GPT 사용을 막을 수 없다면 어떠한 과제를 내야만 올바른 교육을 이끌어낼지 선생님들의 고민이 깊어질 수밖에 없다.

과제를 수행한 초등학생은 과연 과제를 하면서 무엇을 배웠을까? 학교에서는 학생들이 답을 찾아가는 과정에서 배움이 있기를 바랐을 텐데 그 과정 없이 잘 정리된 답만 만들어내니 이건 효율성을 논하기 곤란한 부분이다. 게다가 챗GPT가 가지고 있는 환각 현상을 구분해낼 능력이 없는 상황에서 역사적 사실인데도 챗GPT가 지어낸 답변을 숙제로 제출한 경우는 어떻게 해야 할까 걱정된다.

이 문제는 초등학생뿐 아니라 리포트 제출로 평가받는 대학생을 비롯해서 논문 평가를 받는 대학원생에 이르기까지 모두 해당되는 사항이다. 어떤 교수님들은 챗GPT로 리포트를 제출하는 경우 0점 처리를 한다고 하고 또 다른 교수님들은 챗GPT를 활용하지 않으면 0점 처리한다고 하는 경우도 있다.

정답이 있다고 말하기 어렵겠지만 조금만 눈을 크게 뜨고 멀리 보면 정답을 찾을 수도 있다. 일단 초등학생부터 대학원생에 이르기까지 챗GPT 등 생성AI를 활용하는 것은 막을 수 없다. 그리고 인공지능 기술은 계속 발전할 테니 챗GPT가 만들어내는 답변은 A학점을 받기에 손색이 없을 것이다. 이 두 가지는 인정해야 한다.

선생님이나 교수님들이 챗GPT로 해결할 수 없는 과제를 내기는 어렵다. 그러니 챗GPT를 활용해서 과제를 해오지 말라고 이야기할 필요도 없다. 선생님은 먼저 검열하는 능력을 갖추어야 한다. 선생님 또한 챗GPT를 활용하는 것이다. 챗GPT가 인공지능이 쓴

글과 사람이 쓴 글을 구분해내기는 어려울 수 있지만 서로 다른 문서에서 유사성을 찾아내는 것은 가능하다.

챗GPT는 같은 질문을 해도 조금씩 다른 답변이 나오고 질문 형식을 조금만 바꾸어도 다른 스타일의 답변이 나온다. 즉, 학생들에게 챗GPT 검열 기능을 이용해서 평가할 것을 미리 고지하고 대신에 같은 과제를 수행하더라도 챗GPT에게 질문을 창의적으로 하라고 요구할 수 있다. 그래서 챗GPT를 활용한 경우 그 활용 사실을 표기하고 챗GPT에게 질의한 프롬프트와 답변을 함께 제출하게 하는 방법이 있다. 그러면 최소한 학생들은 질문하는 방법을 다양하게 시도해볼 것이다.

우리는 생각보다 많은 것을 미루면서 산다. 해야 할 일이 있을 때 이를 체계적으로 계획을 세워 그대로 일하는 사람은 정말 대단한 사람이다. 하지만 많은 사람이 이렇게 하기가 어렵다. 간단한 예로 대학교에서 교수님이 2주간 시간을 주고 '챗GPT가 대학교육에 미치는 영향'을 조사하여 제출하라는 과제를 냈다고 하자.

교수님이 2주라는 시간을 준 것은 그 과제를 조사하고 분석해서 내용을 쓰는 데 그 정도 시간이 걸릴 만하기에 그렇게 한 것이다. 과연 과제를 받은 대학생들이 2주간의 계획을 철저하게 세워 과제를 완료해 제출하게 될까?

처음에는 의욕에 넘쳐 위 그림처럼 계획을 세울 수도 있다. 하지만 많은 경우 일주일이 지나는 순간 과제 진도가 나가지 않음을 느

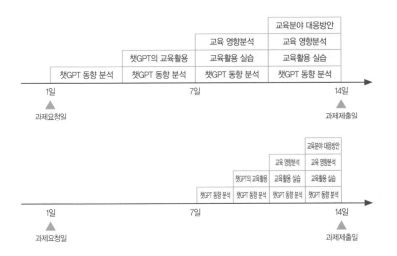

끼게 된다. 큰일이다. 마음을 고쳐먹고 아래 그림처럼 계획을 다시 세운다.

그런데 과제 제출 기한이 이틀밖에 남지 않았는데도 좀처럼 진도가 나가지 않았다. 왜 하필 최근 2주 동안 바쁜 일들이 많았는지 한탄한다. 하지만 이는 핑계다. 평소와 다름없는 생활을 했고 그냥 내가 미룬 결과인 것이다. 과제 제출 전날이 되자 정말 큰일 났다고 느낀다. 낙제점을 받을 것인가 고민도 해보지만 그럴 수는 없다. 이때 바로 마법의 지니를 문지르며 도움을 요청한다.

> 챗GPT가 대학교육에 미치는 영향에 대한 분석보고서를
> A4용지 10장 정도로 작성해줘.

예상대로 목차부터 전체 구성과 내용이 간략하지만 설득력 있게 잘 작성되었다. 비록 챗GPT가 답변한 내용이지만 독자들에게 소개하기에 손색이 없다고 판단되어 싣는다.

제목: 챗GPT가 대학교육에 미치는 영향 분석

목차:

1. 서론

2. 챗GPT 소개 및 기술적 특징

3. 대학교육에서의 챗GPT 활용

4. 챗GPT가 대학교육에 미치는 긍정적 영향

5. 챗GPT가 대학교육에 미치는 부정적 영향

6. 미래 대학교육에서의 챗GPT 활용 전망

7. 결론

1. 서론

본 보고서에서는 인공지능 대화 모델인 챗GPT가 대학교육에 미치는 영향을 분석하고, 그 결과를 바탕으로 미래 대학교육에서의 활용 가능성을 제시한다. 최근 인공지능 기술의 발전으로 대학교육에도 많은 변화가 일어나고 있으며, 이러한 변화에 따른 긍정적이고 부정적인 영향을 함께 살펴본다.

2. 챗GPT 소개 및 기술적 특징

챗GPT는 OpenAI에서 개발한 대화형 인공지능 모델로, 자연어 처리 (NLP)를 기반으로 한다. 이 모델은 다양한 주제에 대해 자연스럽고 정확한 대화를 생성할 수 있는 능력을 가지고 있다. 기존의 인공지능 기술보다 더 많은 데이터와 학습 알고리즘을 사용하여 개발되었으며, 이를 통해 챗GPT는 인간과 비슷한 수준의 대화 능력을 갖추게 되었다.

3. 대학교육에서의 챗GPT 활용

대학교육에서 챗GPT는 다양한 분야에서 활용되고 있다. 주요 활용 분야는 다음과 같다.

- 학습 보조 도구: 학생들이 개인적인 질문에 답변을 받거나, 개념 설명을 들을 수 있다.
- 과제 및 프로젝트 지원: 챗GPT는 학생들이 과제를 수행하거나 프로젝트를 진행할 때 필요한 정보를 제공하고, 아이디어를 제시해 주기도 한다.
- 교수진 지원: 교수진은 챗GPT를 통해 학생들의 질문에 답변하거나, 강의 자료를 준비하는 데 도움을 받을 수 있다.
- 온라인 강의 플랫폼: 챗GPT를 활용한 온라인 강의 플랫폼은 학생들에게 실시간으로 질문을 받아 대응할 수 있으며, 맞춤형 학습 경험을 제공한다.

4. 챗GPT가 대학교육에 미치는 긍정적 영향

챗GPT는 다음과 같은 긍정적 영향을 미친다.

- 개인화된 학습 경험: 챗GPT는 각 학생의 질문에 대해 개별적으로 답변을 제공하며, 학습 속도와 스타일에 맞춘 지원을 할 수 있다.
- 학습 효율성 증대: 학생들은 챗GPT를 통해 빠르게 정보를 얻고, 개념 이해를 도움받을 수 있어 학습 효율성이 증가한다.
- 교수진의 부담 감소: 챗GPT를 활용하면 교수진이 학생들의 개별적인 질문에 대해 신속하게 대응할 수 있어, 교수진의 부담을 줄일 수 있다.

5. 챗GPT가 대학교육에 미치는 부정적 영향

챗GPT가 가져오는 부정적 영향은 다음과 같다.

- 표절 및 부정행위 증가: 챗GPT를 이용한 과제 완성이나 아이디어 도출로 인해 표절 및 부정행위가 증가할 수 있다.
- 인간 간 상호작용 감소: 챗GPT와의 상호작용이 증가함에 따라, 학생들과 교수 간 인간적인 상호작용이 줄어들 수 있다.
- 데이터 민감성 및 보안 이슈: 챗GPT를 이용한 교육 데이터는 민감한 정보를 포함할 수 있으며, 이러한 정보의 보안에 대한 우려가 있다.

6. 미래 대학교육에서의 챗GPT 활용 전망

미래 대학교육에서는 챗GPT와 같은 인공지능 기술이 더욱 발전하고, 다양한 방식으로 활용될 것으로 예상된다. 이를 통해 학습 효율성을 높이고, 교수진의 부담을 줄일 수 있지만, 동시에 표절 및 부정행위와 같은 부정적 영향을 최소화하기 위한 대책도 필요하다. 미래 대학교육에서의 챗GPT 활용 전망은 다음과 같다.

- 개선된 인공지능 기술: 챗GPT와 같은 인공지능 기술은 지속적으로 발전하여 더욱 정확하고 효율적인 학습 도움을 제공할 것으로 예상된다.
- 다양한 교육 환경 적용: 챗GPT 기술은 전통적인 강의실뿐만 아니라 온라인 강의, 멘토링, 연구 프로젝트 등 다양한 교육 환경에 적용될 것이다.
- 학습자 중심의 교육: 챗GPT를 통해 학습자 중심의 교육이 강화되어, 각 학생의 필요와 능력에 맞는 맞춤형 교육이 제공될 것으로 예상된다.
- 규제 및 윤리적 고려: 챗GPT와 같은 인공지능 기술의 활용에 따른 부정행위 및 표절 문제를 해결하기 위해, 대학교육 기관과 관련 당국은 규제 및 윤리적 고려를 강화할 것이다.

7. 결론

챗GPT는 대학교육에서 다양한 방식으로 활용되며 긍정적인 영향을 미치고 있다. 하지만 부정적인 영향도 존재하므로, 이러한 문제를 해결하기 위한 적절한 대책이 필요하다. 미래 대학교육에서는 챗GPT와 같은 인공지능 기술이 지속적으로 발전하고 다양한 환경에 적용되면서 학습 효율성을 높일 것으로 예상된다. 이를 통해 대학교육은 학습자 중심의 교육으로 발전하고, 교수진의 부담이 줄어들 것이다. 그러나 동시에 규제 및 윤리적 고려를 강화하여 부정행위 및 표절 문제를 해결해야 할 것이다. 이를 통해 챗GPT와 같은 인공지능 기술이 대학교육에 더욱 긍정적인 영향을 미칠 수 있을 것이다.

A4용지 10장 분량은 아니었지만 전체 구성과 핵심 내용이 괜찮았고, 항목별로 좀 더 세부적인 설명과 예시, 도표, 참고문헌 등을 표시해달라고 해서 보고서를 더 풍성하게 마무리할 수 있었다. 혹시나 해서 실험적으로 동일한 질문을 챗GPT에게 다시 해보았는데 목차가 약간 달라졌다.

목차:

1. 서론

2. 챗GPT 소개 및 기술적 특징

3. 대학교육에서의 챗GPT 활용

4. 챗GPT가 대학교육에 미치는 긍정적 영향

5. 챗GPT가 대학교육에 미치는 부정적 영향

6. 대학교육에서의 챗GPT 활용 사례

7. 미래 대학교육에서의 챗GPT 활용 전망

8. 챗GPT 활용에 대한 대학교육 기관의 역할

9. 결론

만약에 2주간 주어진 과제가 아니라 1년 동안 열심히 연구해서 써야 하는 논문 작성에 이런 현상이 나타났다면? 생각이 많아진다.

프로그래머의 고민

제율이를 심란하게 만든 분야이다. 코딩을 배워가는 성취감을 한창 맛보던 중에 챗GPT를 접하면서 왠지 자기 영역을 침범당한 것 같은 느낌을 받아버린 부분이다.

필자는 대학원에서 암호학을 전공했는데, 코딩실력이 기초수준이어서 전자서명에 사용하는 RSA 알고리즘을 코딩하는 데 애를 먹었던 기억이 있다. 당장 실험해보고 싶었다. 일단 챗GPT에게 RSA 알고리즘을 알고 있는지 물어보았다.

RSA 알고리즘은 공기키 암호화Public Key Cryptography 기법 중 하나로, 인터넷과 같은 네트워크에서 정보를 안전하게 교환하기 위해 널리 사용되는 암호화 알고리즘입니다. 이 알고리즘은 1977년에 Ron Rivest, Adi Shamir, Leonard Adleman이 공동으로 발표했으며, 그들의 성 이니셜에서 알고리즘 이름인 RSA가 유래되었습니다.

RSA 알고리즘은 공개키와 개인키로 구성되는 키 쌍을 사용합니다. 공개키는 암호화에 사용되며, 개인키는 복호화에 사용됩니다. 이 알고리즘의 보안성은 대수적으로 큰 소수 두 개의 곱을 소인수 분해하는 문제의 어려움에 기반합니다. 소인수분해 문제는 현재까지 알려진 효율적인 해결책이 없어서 충분한 길이의 키를 사용하면 RSA 알고리즘이 안전한 것으로 여겨집니다.

RSA 알고리즘의 기본적인 작동 원리는 다음과 같습니다:

먼저, 큰 소수 두 개 p와 q를 선택합니다.

두 소수의 곱 n = p × q를 계산합니다.

오일러 피 함수를 이용하여 φ(n) = (p-1)(q-1)을 계산합니다.

공개키인 e를 선택합니다. e는 1보다 크고 φ(n)보다 작은 양의 정수로, e와 φ(n)이 서로소인 관계여야 합니다.

개인키인 d를 계산합니다. d는 (d × e) % φ(n) = 1을 만족하는 정수입니다.

공개키는 (n, e)이고, 개인키는 (n, d)입니다.

이제 암호화와 복호화를 수행할 수 있습니다.

암호화: 평문 메시지를 M이라고 할 때, 암호문 C는 C ≡ M^e (mod n)로 계산합니다.

복호화: 암호문을 C라고 할 때, 복호화된 평문 메시지 M은 M ≡ C^d (mod n)로 계산합니다.

RSA 알고리즘은 여러 가지 응용 분야에서 활용되며, 디지털 서명, 키 교환, 인증 등의 기능을 제공합니다. 그러나 계산 복잡성이 높기 때문에, 실제 사용 시에는 대칭키 암호화와 조합하여 사용되는 경우가 많습니다.

이건 내가 명확하게 알고 있는 내용이므로 검증이 가능했다. 챗GPT의 답변은 매우 정확했다. 그리고 바로 RSA 알고리즘을 파이썬으로 코딩해달라고 요청했더니 역시 막힘이 없었다.

챗GPT가 수행한 RSA 알고리즘의 파이썬 코딩

```c
c                                                    📋 Copy code

#include <stdio.h>
#include <stdlib.h>
#include <stdbool.h>
#include <time.h>
#include <math.h>
#include <string.h>

bool is_prime(unsigned long num) {
    if (num < 2) return false;
    for (unsigned long i = 2; i <= sqrt(num); i++) {
        if (num % i == 0) return false;
    }
    return true;
}
```

챗GPT가 수행한 RSA 알고리즘의 C언어 코딩

그다음으로 파이썬 코드를 C언어로 다시 만들어달라고 요청했
는데 역시 한번에 막힘 없이 결과가 나왔다.

챗GPT는 이용자가 스스로 작성한 코딩 내용을 입력하고 오류
를 찾아달라고 하면 그것도 찾아서 수정도 해준다. 이것을 어떻게
받아들이고 프로그래머를 꿈꾸는 사람들은 어떤 능력을 갖추어
야 할까? 지나친 상상을 하나 해보면 코딩이 필요 없는 세상이 올
수 있다. UI/UX 디자인도 생성AI가 해주고, 키워드나 메시지도 챗
GPT가 만들어주고, 코딩도 챗GPT가 해주면 사람에게 남는 것은
무엇일까?

주변에 IT기업을 운영하는 사장님들에게 현실적인 상황을 들어
보았다. 챗GPT의 등장으로 한창 이슈가 되고 있는 인공지능뿐 아

니라 메타버스, 블록체인 등 소프트웨어 개발자는 여전히 부족하다. 하지만 챗GPT의 등장으로 사장님들의 고민이 깊어지기도 하고 덜어지기도 하는 상황이다.

우선 소프트웨어 개발자를 40명 정도 데리고 있는 IT기업에서 개발자를 줄일 계획을 가지고 있다. 챗GPT의 코딩 수준이 초중급 개발자를 너끈히 넘어버리는 것으로 판단해서 고급개발자와 프로그램 기획자를 제외하고 개발팀을 간소화하려고 시도하고 있다. 심지어는 챗GPT를 개발업무에 적극 활용할 계획임을 직원들에게 선언하고 챗GPT 이상의 실력을 연마하거나 챗GPT 조련사가 되어 코딩 생산성을 높이지 않는 직원은 직무를 바꿀 것이라고 예고하고 있다.

다 그런 것은 아니지만 코딩하는 직원은 커뮤니케이션이 약한 경우가 많다. 무엇보다 문서를 작성하는 데 취약하다. 영업이나 마케팅 직무로 바꾸는 것은 더욱 쉽지 않다. 회사를 경영하는 대표이사는 회사를 위해 생산성을 고민할 수밖에 없고 챗GPT 시대에 적응하지 못하는 프로그래머들은 머지않아 새로운 직무나 일자리를 알아봐야 하는 상황에 놓일 수 있다.

또 다른 IT기업 대표는 스타트업으로 개발자를 뽑는 일에 고심하고 있다. 채용 공고를 낸 지 한 달이 되었는데 업무에 적합한 프로그래머 구하기가 하늘의 별따기이고 적합한 개발자가 나타나면 엄청난 연봉을 요구한다. 하지만 챗GPT 등장으로 채용공고를 개발자를 뽑는 것이 아니라 개발기획자를 뽑는 것으로 바꾸었다. 단 입사조건에 챗GPT 사용에 능통해야 한다는 조건을 걸었다. 프로그래머의 실력을 평가할 때 챗GPT를 잘 활용하는 사람과 그렇지 않은 사람으로 기준을 정할 날도 머지않았다.

오늘 저녁에도 제율이가 코딩을 배우기 위해 학원에 가기 전에 잠깐 대화를 나누었다. 챗GPT의 등장으로 프로그래머라는 직업에 변화가 생기고 있음을 알려주었다. 아들이 아직 중학교 3학년이니 어떤 방향이든 갈 수 있기에 지금은 무언가 최선을 다해서 배우는 것 자체도 중요한 의미가 있다고 생각한다. 다만 목표의식에 대해서는 충분히 대화를 나눈다. 훌륭한 소프트웨어 개발자가 되겠다는 목표를 세웠다면 당연히 지금보다 더 고도화된 챗GPT가 나오더라도 이길 수 있는 개발자가 될지, 아니면 그게 가능한 일인지 생각해볼 필요가 있고 또 코딩과 관련한 전반적인 지식을 갖추고 훌륭한 챗GPT 조련사가 되어 생산성이 매우 높은 개발자가 되는 것도 좋은 방법일 수 있다. 어떤 방향으로 프로그래머가 되더라도 반드시 기획능력이 중요함을 늘 강조한다.

긴장하는 데이터분석가

챗GPT를 경험하면서 가장 크게 변

화가 일어날 수 있는 분야로 데이터분석과 관련한 직업을 꼽는다. 데이터분석가는 한마디로 수집한 데이터를 정리·분석해서 인사이트를 도출하는 직업을 말한다. 기업에서 수집한 각종 데이터를 분석해서 경영전략에 필요한 정보를 제공하고 의사결정을 지원하는 것에서 흩어져 있는 수많은 데이터 속에서 숨어 있는 상관관계를 찾아내는 일에 이르기까지 데이터분석가의 종류는 매우 다양한데 챗GPT로 데이터분석가의 시간을 엄청 단축하는 길이 열렸다. 그런데 분석가의 시간을 단축하는 것을 넘어서 아예 역할이 필요없어지거나 분석가가 더는 오류가 있는 분석을 할 수 없는 상황에 놓였다고도 볼 수 있다.

쉬운 예를 하나 들어보자. 기업 경영에서 가장 핵심은 자금 관리이다. 재무담당 이사는 현재 자금이 얼마이고 예상되는 수입과 고정지출 등을 고려하였을 때 우리 회사가 버틸 수 있는 기간이 몇 개월인지 늘 분석하고 주기적으로 대표이사에게 보고해야 한다. 또한 불필요한 자금 지출은 없는지, 영업비를 기준 이상으로 사용하는 임원은 없는지, 누가 회사 자금을 아끼기 위해 노력하는지 등 재무이사는 항상 숫자와 씨름해야 한다. 대표이사는 재무이사가 만든 엑셀 자료와 보고서를 바탕으로 경영적인 판단을 해야 한다. 재무이사가 분석을 잘못했거나 의도적으로 다른 보고를 했다면 대표이사는 그릇된 판단을 할 수도 있다.

이제 챗GPT이 등장으로 재무이사와 대표이사 모두에게 변화가 생겼다. 재무이사는 보고를 위한 별도 작업을 하지 않아도 된다. 매출 계약, 지출 계약, 카드사용 내역 등 원본데이터를 가지고 챗GPT에게 알려주면 된다. 그리고 챗GPT에게 필요한 자료를 집계·분석한 결과를 알려달라고만 하면 된다. 더욱더 적극적인 상황은 대표이사가 재무이사에게 따로 보고를 받지 않아도 된다. 사내 ERP에 연동되어 있는 챗GPT에게 자기가 정말 알고 싶은 것을 그냥 물어보면 된다.

> 지난달 영업이익이 얼마나 되지?
> 자금흐름상 우리가 버틸 수 있는 기간은?
> 지난 6개월 동안 영업비를 가장 많이 쓴 임원 상위 3명이
> 누구인지 알려주고 왜 그랬는지 원인을 분석해서 알려줘.

CEO는 이제 모든 것을 다 알고 있다고 생각하면 된다.

필자는 챗GPT를 가장 적극적으로 활용할 직업 중 하나가 판사라고 본다. 판사는 상당히 민감하고 골치 아픈 데이터분석 업무를 하는 사람이다. 판사는 변호사가 준비한 데이터와 수사기관에서 준비한 데이터를 바탕으로 시시비비를 가리는 직업이므로 방대한 양의 양 측 데이터를 분석해서 누가 진실을 말하고 누가 거짓을 말하는지를 명확한 근거를 바탕으로 판단해야 한다. 그런데 이제는 챗GPT에게 모든 데이터를 입력한 후 질문을 열심히 하면 된다. 챗

GPT는 앞뒤가 틀리는 진술을 찾아주고 각종 판례와 법률근거를 찾아내서 판사가 판단하기 좋게 정리해줄 것이다.

실제로 챗GPT가 미국 변호사시험까지 합격하였고 콜롬비아의 한 판사는 아동 의료권 소송에서 챗GPT의 도움을 받아 판결문을 만든 사례가 있다. 일본 모토에 다이치로 변호사가 만든 '벤고시닷컴'에서는 챗GPT를 활용한 무료 온라인 법률상담 서비스도 제공하고 있다.

데이터분석 분야는 원본데이터 자체가 기업이나 정부 등 자체적으로 민감한 데이터인 경우가 많아서 챗GPT를 기업이 직접 API와 연동해서 활용할 가능성이 높다. 아마도 1년 이내에 상당수 기업이 자체 의사결정지원시스템에 챗GPT를 활용하게 될 것이라고 본다.

기업들은 차차 의사결정지원시스템을 위해 시스템을 확장하거나 새로운 데이터분석가를 고용하기보다 날로 발전하는 GPT를 업그레이드하는 것만으로 좀 더 고도화된 결과물을 얻게 될 것이다. 다만 여기서도 질문하는 기술이 중요하다. 챗GPT에게 알아서 공통점과 문제점을 분석해달라고 말하기보다 구체적으로 원하는 데이터 포맷을 물어보는 기술이 필요할 텐데 데이터분석가들이 자리를 잘 유지하려면 프롬프트 기술을 연마해야 할지도 모른다.

GPT4로 더욱 강해졌다고?

지금까지 나온 챗GPT의 기능만으로도 우리를 놀라게 하기에 부족함이 없었다. 너무 놀라워 애써 챗GPT의 단점을 찾기 위해 사람들이 숨은 그림 찾기를 계속하고 있다. 분명 있지도 않은 말을 지어내기도 하고 어디서 표절했는지 확인할 방법이 없는 화려한 어휘력을 구사해서 사람을 현혹하고 일자리를 재편하게끔 하는 단점이 보이지만 이조차 장점이 더 많기에 부정적 이슈보다는 긍정적 이슈가 많다.

이 책을 집필하는 동안 제일 어려웠던 점은 챗GPT, 생성AI와 관련해서 거의 매일 새로운 기능과 새로운 소식이 출시되어 이를 일일이 확인하는 것이었다. 성능이 업그레이드되는 것은 분명 하루

하루가 다를 것이기에 책으로 소개하는 데는 한계가 있다. 다만 새로 출시된 기능을 아이에게 답을 제시해야 하는 상황에서 꼭 알고 있어야 했기에 늘 공부하고 또 공부해야 했다. 독자들도 이 점을 감안하기 바란다.

더욱 막강한
GPT4의 등장

이 책을 집필하는 동안 챗GPT에게 사용된 인공지능 엔진이 GPT3.5에서 GPT4로 바뀌었다. 챗GPT 유료 사용자는 바로 사용해볼 수 있는 GPT4를 탑재한 챗GPT는 한마디로 말하면 더 똑똑해졌다. 기존에는 문자로만 소통했는데 GPT4에 그림을 알아보는 눈이 생겼다. 단순히 그림이 무엇인지 알아본다기보다 그림을 이해하는 능력이 생겼다고 해야 맞는 것 같다. GPT4에게 냉장고 안의 사진을 찍어서 보여준 후 "이 재료로 만들 수 있는 요리는?"이라고 물어보면 재료를 각각 제시하며 레시피를 알려준다. 수학 문제를 풀다가 모르는 문제를 사진 찍어서 보여주면 바로 풀어준다.

무엇보다 훨씬 더 정교해졌다. 앞서 필자는 '거북선을 만든 강감찬 장군'을 언급하며 질문한 것에 엉뚱한 답변을 했던 GPT3.5를

강감찬을 만든 강감찬 장군에 대해 알려줘

강감찬 장군과 거북선은 연관이 없습니다. 강감찬 장군은 고려시대의 한국 군사 지도자로, 고려국의 초대 왕 태조와 함께 활약한 명장으로 알려져 있습니다. 그는 특히 10세기 후반 왜구(해적)와 거란족의 침입을 물리치는데 큰 역할을 했습니다.

거북선은 조선시대의 이순신 장군이 개발한 것으로, 강감찬 장군과는 시대적으로도 상당한 차이가 있습니다. 이순신 장군은 16세기 말에 활약하였으며, 그의 거북선은 임진왜란 때 일본 세력을 격퇴하는데 결정적인 역할을 했습니다.

GPT4에 오류가 있는 질문 그리고 답변

얘기한 바 있다. 이번엔 GPT4가 적용된 챗GPT에게 같은 질문을 다시 했는데 확실히 개선된 것이 보였다.

혹시나 해서 GPT3.5 버전에서 "임진왜란 때 거북선을 만들었던 강감찬 장군의 주요 활동에 대해 알려줘"라고 질문했더니 여전히 엉뚱한 대답을 한 것을 확인할 수 있었다. GPT4가 기존 버전보다 업그레이드된 것은 분명해 보였다.

더욱 강해진
거짓말쟁이 GPT4

이번에는 GPT4에게 한국의 전래동화 콩쥐팥쥐에 대해 알려달라고 했다.

콩쥐팥쥐는 대한민국의 유명한 전래동화 중 하나로, 한국의 전통문화를 대표하는 이야기입니다. 이 이야기는 두 형제 콩쥐와 팥쥐의 모험을 중심으로 진행됩니다. 이들의 이름은 각각 콩과 팥에서 유래되어, 한국 전통 음식인 콩과 팥을 상징합니다. 전래동화의 줄거리는 다음과 같습니다. 어느 날, 작은 마을에 가난한 농부가 살고 있었습니다. 농부는 두 아들 콩쥐와 팥쥐를 두었으며, 이들은 성실하고 착한 아이들이었습니다. 어느 날, 가난한 농부는 도망친 소를 찾다가 숲에서 도깨비를 만나게 되는데, 이 도깨비는 농부에게 선물을 주겠다고 제안합니다. 농부는 소를 되찾기 위해 도깨비의 제안을 받아들입니다. 도깨비는 농부에게 두 가지 선물을 주게 됩니다. 첫 번째 선물은 콩쥐에게 주어진 무지개 다리를 건널 수 있는 신발이고, 두 번째 선물은 팥쥐에게 주어진 구름을 탈 수 있는 구름 장화입니다. 두 형제는 이 선물들을 이용해 모험을 떠나게 되며, 그 과정에서 공주와 도깨비를 만나게 됩니다. 콩쥐와 팥쥐는 선물을 이용해 도깨비를 물리치고, 공주를 구해낸 끝에 마을을 구하게 됩니다. 이후 두 형제는 공주와 결혼하여 행복하게 살게 되며, 마을 사람들도 그들의 용기와 지혜를 기리게 됩니다. 콩쥐팥쥐 이야기는 선과 악의 대립, 용기와 지혜, 그리고 협력의 중요성 등 다양한 교훈을 담고 있습니다. 이 전래동화는 오랜 세월동안 한국 사람들에게 사랑받아온 이야기로, 한국의 전통문화와 가치를 대표하는 작품 중 하나입니다.

GPT3.5에서의 환각(할루시네이션) 현상은 여전했다. GPT3.5에서는 쥐 이야기가 나와서 누가 봐도 지어낸 이야기라 알 수 있었는데 GPT4에서는 좀 더 그럴싸한 내용으로 업그레이드한 거짓말이 나타났다. 너무 이야기가 그럴듯해서 콩쥐팥쥐 책을 다시 찾아봤을 정도이다.

여기에서 중요한 관점이 하나 있다. GPT4의 단점을 발견하는 것이 큰 의미가 있는 것이 아니라 챗GPT의 답변을 맹신해서는 안 된다는 점이다. GPT4가 업그레이드된 것은 분명하나 여전히 학습한 데이터를 기반으로 확률적으로 질의자가 듣고 싶어 하는 답변을 만들어내는 것임에는 변함이 없다.

인공지능의 기술은 하루가 다르게 더욱 발전할 테고 학습데이터양이 많아질수록 더 정교한 답에 가까워질 것이다. 대한민국의 빅테크기업에서 충분한 양의 한국어 데이터로 학습한 GPT 엔진을 개발하고 있지만 GPT4에서 한국어에 대한 인식률이 상당히 개선되었다. 대한민국 빅테크 기업들을 긴장하게 하는 순간이다. 그럼에도 챗GPT의 답변에서 오는 환각 현상은 여전히 존재할 것이다. 따라서 챗GPT의 미사여구에 현혹되지 않도록 주의하는 자세를 항상 가져야 한다.

더욱 다양해진 코딩 실력

GPT3.5에 비해 GPT4에서는 다룰 수 있는 프로그래밍 언어가 더욱 늘어났다. 아래는 GPT3.5와 GPT4 각각 다룰 수 있는 프로그래밍 언어를 알려달라고 해서 얻은 결과이다.

▶ GPT3.5: Python, Java, JavaScript, C++, C#, PHP, Ruby, Swift, SQL, HTML/CSS

▶ GPT4: Python, JavaScript, Java, C++, C, C#, Ruby, PHP, Swift, Kotlin, TypeScript, Go (Golang), R, Rust, Scala, Julia, Lua, Dart, Groovy, Haskell, Objective-C, Shell Scripting(Bash, Zsh 등), Perl, SQL, F#

아들한테도 챗GPT가 업그레이드되었음을 알려주었다. 처음 보는 프로그래밍 언어가 많다고 해서 각 프로그래밍 언어의 특징과 주요 활용처를 설명해주면서 프로그래머가 단순히 코딩을 잘하는 것보다 어떤 종류의 서비스를 구현하려면 어떤 언어가 적절한지 판단하고 그 활용을 어떻게 해야 하는지 알아야 한다고 설명했다. 또 프로그래머도 특정 언어만 잘하는 것보다는 다양한 언어를 다룰 줄 아는 제너럴리스트가 되어야 한다고 강조했다.

PPT도 챗GPT가
만들어준다?

OpenAI사는 GPT4를 일반에 공개하면서 GPT3.5와 달리 매개변수가 몇 개인지, 작동원리가 어떻게 되는지 등 기술적인 부분은 공개하지 않고 GPT4를 연계해서 사용할 수 있는 API를 공개하였다. 수많은 기업이 GPT4와 연동한 서비스를 출시하고 있으며 특히 파워포인트와 엑셀 등 문서작성 도구에 GPT4가 탑재되면서 문서작업의 효율성이 놀라울 정도로 높아졌다.

문서작업을 많이 하는 필자로서는 굉장한 희소식이었다. 마이크로소프트 오피스는 파워포인트, 엑셀, 워드 등 문서작성 도구와 이메일, 팀채팅 등 업무에 필요한 다양한 도구이다. 컴퓨터로 업무를 하는 사람이라면 최소한 한 개 이상의 도구를 사용할 것이다. 마이크로소프트가 출시한 365 코파일럿은 기존 오피스 도구 전체에 GPT4 엔진이 적용되었다.

코파일럿이 무슨 기능을 제공하는지 알아보기 전에 우리가 회사 업무를 하면서 '이렇게 되었으면 좋겠다' 싶었던 것을 상상해보자. 간단하다. 그냥 원하는 것을 생각해보는 것이다.

오늘 마케팅본부의 마케팅전략팀 회의가 있는 날이다. 팀장을 포함해

서 5명으로 이루어진 우리 팀은 매주 월요일 오전 10시에 회의가 있다. 팀장이 지난주 회의에서 결정되었던 일들의 진행 상황을 확인하고 오늘 회의 안건을 간단하게 이야기한 뒤 각자 준비해온 결과물에 대한 팀내 보고와 토론이 이어졌다. 이번 출시한 새로운 서비스인 글쓰기 플랫폼 'Scribbler'의 소셜 마케팅 전략 발표가 이어졌고 일주일 동안 1천 명의 베타테스트 결과를 분석하고 향후 전략을 논의하였다. 지난주 이메일로 접수된 고객의 의견과 요청사항, 불만사항 등 또한 회의에서 검토하고 2주 뒤 글로벌 론칭 오프라인 행사 준비를 어떻게 할지 체크리스트를 만들어 업무를 분장하는 것으로 회의가 진행되었다. 오늘 회의는 1시간가량 이어졌는데, 서 대리가 회의 시작 30분이 지나서 참석했지만 무난하게 회의 내용에 스며들어 회의가 잘 진행되었다.

어느 회사에서나 충분히 있을 법한 일반적인 회의 광경이다. 이 회의에서 준비하거나 해야 하는 일을 들여다보면, 먼저 지난주 회의록을 바탕으로 업무가 진행되었는지 일일이 확인해서 그 결과자료를 준비해야 한다. 팀장을 포함해 구성원 5명 각자가 맡은 일들을 확인해야 하므로 팀원들이 각자 일한 것을 정리해서 팀장에게 보내야 하고 팀장은 이를 모든 구성원이 볼 수 있도록 요약 정리를 해야 한다. 대개 팀장이 이런 일을 하기보다 문서 취합 담당자가 정해져 있다.

오늘 회의의 안건은 팀장이 정해서 공지한다. 베타테스트 관리는 담당자인 서 대리가 일주일간 진행된 테스트 결과를 분석 문서로 정리해서 가지고 와야 한다. 이번에 입사한 신입은 고객응대 담당인데 고객이 보낸 이메일과 회사에서 보낸 답변을 정리하고 고객의 의견 중 회사에 위험이 되거나 기회가 될 수 있는 것들을 정리해 팀에 공유해야 한다.

마케팅 전략 발표를 담당한 박 과장은 전날에도 발표자료를 작성하느라 밤을 새웠다. 글로벌 론칭 오프라인 행사 준비 미팅은 행사 프로그램을 설계하고 초청해야 할 사람, 장소 섭외 등 다양한 체크리스트 협의로 토론이 이어지고 론칭 계획서를 문서로 만들어야 한다. 회의를 마친 후 회의록을 작성하고, 회의 결과에 따라 타 부서에 협조문서를 보내며, 파트너와 협의하고, 고객에게 응대도 해야 한다.

이런 일들은 5명이 하기에는 적지 않은 양이고 1시간 만에 이 내용 모두를 회의하는 것은 쉽지 않다. 하지만 GPT4가 적용된 코파일럿 덕분에 이 모든 것이 가능해졌다.

회의를 시작하면서 팀장이 "지난주 회의 결과 진행 상황 알려줘"라고 하면 코파일럿이 팀원들이 작성한 각종 비즈니스 문서와 회사 이메일로 고객과 소통했던 내용 등을 모두 분석해 한번에 요약해준다. 완료된 것이 무엇이고 미진한 것이 무엇이며 그 원인이 무엇이었는지도 분석해준다. 베타테스트 결과 분석도 서 대리가 미리 준비하지 않아도 된다. 이미 코파일럿이 분석을 마쳤고 테스트 결과와 함께 어떤 부분을 개선해야 하는지 등의 의견을 말해준다.

마케팅 전략 문서를 만드느라 박 과장이 더는 밤을 새우지 않아도 된다. 이 또한 코파일럿이 그동안 팀이 회의했던 내용, 회사 전략, 글로벌 소셜마케팅 트렌드 등을 분석해서 우리 회사가 가장 효과적으로 대응할 수 있는 마케팅 전략을 자료로 만들어준다. 해당 내용을 사장님 보고용으로 요약해달라고 요청하면 요약도 바로 해준다.

회의에 늦은 서 대리도 걱정이 없다. 회의에 들어오자마자 지금까지 진행된 회의 내용을 코파일럿이 간단하게 요약해준다. 회의를 마치고 나면 자동으로 회의록이 만들어지고 회의 도중 팀장이 지시한 내용과 업무담당자 등을 파악하여 각 구성원에게 회의 결과와 함께 해야 할 일이 요약되어 이메일로 업무가 자동 배정된다.

이건 상상이 아니라 그냥 현실이다. 챗GPT의 등장이 우리가 하는 업무 영역에 빠른 속도로 깊숙하게 들어오게 되었다.

이 현상을 어떻게 받아들여야 할까? 독자들도 한번 함께 생각해보면 좋겠다. 업무 생산성이 올라갈 생각에 당장 우리도 도입해야겠다고 생각하는 사람도 있을 것이다. 분명 이 생각은 책임자급으로 올라갈수록 더욱 강하게 하기 마련이다. 그럼 사원, 대리급은 이를 어떻게 생각할까? 내 격무를 덜어줄 수 있다는 생각에 과연 반갑기만 할까?

업무 생산성을 높이고자 하는 의지는 과연 실무자가 강할까? 관리자가 강할까? 업무 생산성이 높아진다면 남는 시간만큼 실무자에게 휴식시간이 주어질까? 그렇지 않을 가능성이 높다. 내가 아는 대부분 경영자는 편하게 직원들의 휴식시간을 허락하지 않는다. 위의 시스템이 도입되더라도 업무량이 줄어들지 않을 가능성이 높다. 정리하고 분석하는 것은 챗GPT에게 맡기더라도 더 중요한 일은 사람이 하거나 지금 하던 일의 양이 두 배로 늘어날 수도 있다.

나는 마이크로소프트 코파일럿으로 파워포인트를 만들지는 않을 것 같다. 다만, 힌트를 얻으려고 이용하게 될 것 같다. 내가 생각하는 파워포인트 작업은 관객과 소통하는 데 중점을 두므로 보통 관객을 생각하면서 문서를 스토리텔링 형식으로 만든다. 코파일럿이 제공해주는 디자인이 마음에 들 수도 있다. 다만, 참고로 할 뿐 내가 직접 만들어야 나와 자료의 호흡이 일치한다.

인정하고 싶지 않은 이해력

챗GPT가 질문에 대해 답을 하는 원리는 수많은 문장을 사전에 학습하였고 이용자가 질문하면 문장을 단어로 잘게 쪼개서 학습한 내용 중 확률적으로 가장 가까운 답변을 만들어내는 것이었다. GPT4로 업그레이드되었다고 할지라도 이

원리가 변한 것은 아니다. 따라서 필자는 챗GPT가 우리가 질문한 것을 이해해서 답변한 것은 아니라고 언급한 바 있다.

그런데 GPT4로 업그레이드되면서 정말로 챗GPT가 문장을 이해하고 있다는 강력한 의심이 들기 시작했다. 그런데 이해력이란 도대체 무엇일까? 이해력은 자료의 의미를 파악, 적용, 분석해 관계 지우는 능력으로 정의된다. 챗GPT는 예전에 인터넷 번역기를 사용할 때처럼 번역이 쉬운 문구로 잘 정렬해서 질문할 필요가 없다. 심지어 편하게 대화하듯이 은유적인 표현을 써서 질문해도 찰떡같이 알아듣고 답변한다. 내가 요청한 긴 문장의 핵심 요약을 할 수 있다는 것은 문맥을 이해했다고밖에 볼 수 없다.

게다가 엑셀 자료에서 숫자들 사이의 상관관계를 분석해서 어떤 문제가 있는지도 알려준다. 챗GPT가 연동된 마이크로소프트 디자이너를 통해서 "지구 환경을 지키자를 주제로 복잡함 속에서도 심플함이 묻어 있는 인스타그램용 배경 만들어줘"라고 요청하면 바로 이미지가 여러 개 생성되는데 신기하게도 복잡함 속에 심플함이 담겨 있는 느낌이 든다. 사실 우리 스스로는 상상이 가지 않으면서도 요청하는 것들에 대해 챗GPT가 내놓은 답변들을 보았을 때 챗GPT가 이해력을 가지고 있다고밖에 볼 수 없는 것이다. 다만 스스로 약간 두려움이 생겨 인정하지 않으려 할 뿐이다.

우리가 공생할 수 있을까?

네가 할 수 있는 걸 다 말해봐!

"챗GPT, 네가 할 수 있는 걸 다 말해봐!"라고 하는 질문은 잘못되었다. "나는 챗GPT를 이용해 무엇을 하고 싶을까?"라고 질문하는 게 맞다. 왜냐하면 챗GPT는 허락되지 않은 답변을 제외하고는 이용자가 하는 모든 질문에 답변하기 때문이다. 단순한 답변부터 조언, 요약 등 질문마다 답변을 내놓는다. 이 책을 읽는 분들은 적어도 챗GPT가 무엇인지 들어본 적이 있고, 관심이 있어서 직접 접속해 한두 가지 질문을 해보았을 것이다.

잠깐 다른 이야기를 하면, 새로운 발명품이나 혁신적인 비즈니스 아이디어가 '불만'에서 시작된 경우가 많다. 챗GPT가 다른 인공지능 프로그램과 다른 점은 챗GPT를 다른 비즈니스에서 활용하두록 API를 공개한 것이다.

다음 사례들은 구글의 크롬 확장프로그램을 이용해 이용자들이 필요로 하거나 불편했던 것들을 챗GPT를 연동해서 만든 사례들이며, 이러한 것들은 시간이 지날수록 더 많아질 것이다. 특히 코딩하는 사람들이면 누구나 도전해볼 수 있다. 중요한 것은 무엇을 원하느냐이다.

크롬에서도 챗GPT를 사용하고 싶다

마이크로소프트의 검색엔진 빙이 챗GPT 엔진을 탑재하여 구글 크롬에 검색엔진 도전장을 던졌다. 검색창에 원하는 검색어를 입력하면 일반 검색결과와 챗GPT의 답변이 함께 나타나며 검색결과에 대한 후속 질문을 이어갈 수 있다. 필자도 사용해보고 싶어 빙에 접속해서 대기자 명단에 이름을 올렸는데 오래 기다려야 했다. 구글은 자체 개발한 인공지능 엔진을 머지않아 출시하겠지만 마음이 급한 사용자들을 위해 챗GPT를 크롬 브라우저에서 사용할 수 있는 확장프로그램을 만들었다.

확장프로그램명: chatGPT for Google

확장프로그램을 설치하면 구글에서 검색결과와 챗GPT의 답변이 함께 나온다. 또 네이버 검색을 했을 때도 챗GPT의 검색결과가 함께 나오고 챗GPT와 대화하듯이 후속 질문도 이어갈 수 있다. 시험삼아 네이버 검색창에서 양재동 맛집을 검색하였더니 왼쪽에 파워링크 검색결과와 함께 오른쪽에 챗GPT 답변이 나타났다.

평소라면 네이버 검색결과 링크를 하나씩 눌러보며 찾겠지만 네이버 검색창에서 바로 챗GPT와 후속대화를 이어갔다. 수제 마카롱집을 물어보고 영업시간과 주소, 전화번호에 별점, 후기까지 모두 답변을 받았다. 다만, 챗GPT의 답변은 2021년까지 정보로 학습된 결과에 따라 답변하는 것이니 유념해야 한다. 추후 챗GPT가 실시간 학습정보를 바탕으로 답변을 제공한다니 기대해볼 만하다.

크롬 브라우저에서 ChatGPT for Google 확장프로그램을 설치한 후
네이버 검색창에 '양재동 맛집'을 검색한 결과

챗GPT를 활용한
유튜브 동영상 요약

무엇인가 궁금한 것이 있을 때 네이버 검색창을 열면 X세대, 유튜브 검색창을 열면 MZ세대라는 말이 있다. 그만큼 유튜브는 이제 단순히 재미있는 영상을 보는 것을 넘어 정보 검색의 핵심이 되었다.

필자 또한 챗GPT와 관련해서 궁금한 것을 알아보기 위해 직접 체험한 것 외에 유튜브 영상을 많이 찾아보았다. 유튜브 검색을 했을 때 영어나 다른 언어로 된 것은 제외하고 한글로 된 것만 본 적이 있다. 영어로 된 유명한 영상으로 영어 공부를 하고 싶어서 스크립트를 구하려고 애를 쓴 적도 있다. 또 한글로 된 영상이 길어서 요약해주면 좋겠다고 생각한 적이 있으며, 스페인어로 된 동영상의 내용이 궁금한 적도 있다. 이 모든 게 챗GPT를 활용한 확장프로그램 덕분에 가능해졌다.

확장프로그램명: YouTube Summary with chatGPT

확장프로그램을 설치하고 유튜브에서 동영상을 시청할 때 우측에 영상에서 나온 대사 스크립트가 단 1초 만에 뜬다. 이제는 내가 좋아하는 테드TED 영상, 기후변화 관련 영상 등의 스크립트를 구하

확장프로그램을 설치한 후 스티브 잡스 스탠퍼드대학 연설 유튜브 영상을 시청한 결과

려고 귀를 쫑긋 세울 필요가 없다. 또 한 번 클릭으로 챗GPT로 연결되어 한번에 유튜브 영상 내용을 요약해준다. 내 업무 시간을 단축해주는 훌륭한 기능이다. 영어뿐 아니라 한글, 중국어, 스페인어 등 다양한 언어가 지원된다. 음성을 인식해서 텍스트로 변환해주는 툴과 텍스트를 잘 요약해주는 챗GPT가 결합된 것으로 생각하면 그렇게 혁신적이 아니라고 생각할 수도 있지만, 그 작은 아이디어의 조합이 이용자의 작은 불편을 해소하거나 요구를 채워주었을 때 그 기능이 빛나는 것이다.

챗GPT를 활용한 형광펜

우리는 공부하거나 책을 읽을 때 중요한 문구에 형광펜을 칠하곤 한다. 그런데 디지털문서가 일반화되면서 인터넷과 유튜브 등에서 정보를 획득하는 경우가 많아졌다. 인터넷 기사를 보거나 각종 피디에프PDF 문서를 보거나 유튜브 동영상을 시청하다가 메모해두고 싶었던 기억이 있다. 분명 어디서 본 적이 있는데 다시 그 내용을 찾으려고 하니 검색 키워드를 무엇으로 했는지 생각나지 않아 검색기록을 뒤진 경험이 있을 것이다. 이러한 불편함이 이제 모두 해소되었다.

확장프로그램명: 라이너(LINER)

확장프로그램 라이너를 설치하고 구글 검색을 실행하면 구글의 검색결과와 함께 우측에 챗GPT와 연동한 라이너 AI가 내가 질문

라이너 확장프로그램 설치 후 구글 검색을 실행한 결과

한 검색어와 관련한 내용을 간단하게 요약을 먼저 해준다. 요약된 것 외에 상세 페이지에 들어가서 내용을 읽다가 느낌이 오는 문구가 있으면 형광펜을 칠하기만 하면 된다. PDF 문서를 볼 때나 유튜브 영상을 시청하다가도 기억하고 싶은 문구나 시점이 있으면 형광펜을 칠하기만 하면 언제든 꺼내 볼 수 있다.

자동으로 영어 질문, 자동으로 한글 번역

챗GPT는 아직 한국어 지원이 영어에 비해 약하다. 한국어에 익숙한 이들 중 챗GPT를 써본 사람이라면 한글로 질문을 만든 뒤 번역기로 영어 문장을 만들어 챗GPT에게 질문하고 다시 답변을 복사해 번역기에 돌려본 경험이 있을 것이다. 이는 매우 사소한 듯하지만 불편한 일이다. 이런 불편함을 불평만 하며 어쩔 수 없이 이용하는 사람이 있는가 하면 불편함을 해소해서 효율화하거나 사업화하는 사람이 있기 마련이다.

확장프로그램명: 프롬프트 지니(챗GPT 자동 번역기)

확장프로그램을 설치하면 챗GPT 기본 화면에 질문을 입력하는 곳이 다음 그림과 같이 바뀐다.

프롬프트 지니 설치 후 챗GPT 프롬프트 화면

이곳에 평소와 같이 한글로 질문하면 자동으로 영문으로 번역되어 질문이 진행된다. 필자는 생성AI의 등장으로 사라질 수 있는 대표적 직업 5가지를 알려달라고 질문하였고 영문으로 나온 답변이 자동으로 한글로 번역되어 나타났다.

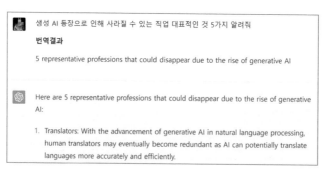

프롬프트 지니 설치 후 한글 질문이 자동으로 영어로 번역된 결과

프롬프트 지니 설치 후 한글 질문, 자동 번역 결과

챗GPT 같은 생성AI의 등장으로 사라질 수 있는 직업으로 번역가, 카피라이터, 재무분석가, 고객 서비스 담당자, 사진작가가 소개되었는데 이에 관해서는 다음 장에서 좀 더 자세히 다룬다.

글이 아니라 말로 하고 싶다

프롬프트 지니처럼 이용자의 간단한 요구를 반영한 확장프로그램이 또 있다. 질문을 말로 하고 답변도 음성으로 듣는 것이다. 챗GPT를 경험하고 영화 〈아이언맨〉의 자비스가 생각났다면 누구든지 말로 질문하고 싶었을 것이다.

확장프로그램명: Voice Control fot 챗GPT

나는 최신정보가 필요하다

챗GPT는 2021년 10월 이전까지의 데이터로만 학습되었기 때문에 최근 정보에 대한 질문에는 엉뚱한 답변을 한다. 맛집을 검색하였는데 이미 문 닫은 곳이 나오거나 2021년 이후 생긴 핫한 맛집 검색이 안 된다면 실망할 수밖에 없다. 이러한 것을 해결해주는 확장프로그램도 있다.

WebChatGPT: 인터넷 액세스가 가능한 ChatGPT

WehChatGPT 확장프로그램 설치 결과

확장프로그램을 설치하고 나며 챗GPT 메인화면 하단에 위 그림과 같은 것이 생긴다. 여기서 'Web access'를 활성화한 후 챗

GPT에게 질문하면 최근 기사 등을 검색해서 답변한다.

대한민국 현재 대통령은?

2023년 3월 15일 기준, 대한민국 대통령은 이재명(李在明) 대통령입니다.

Web access를 비활성화하고 질문한 결과(3월 15일)

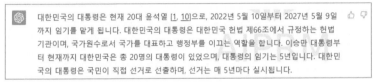

대한민국의 대통령은 현재 20대 윤석열 [1, 10]으로, 2022년 5월 10일부터 2027년 5월 9일
까지 임기를 맡게 됩니다. 대한민국의 대통령은 대한민국 헌법 제66조에서 규정하는 헌법
기관이며, 국가원수로서 국가를 대표하고 행정부를 이끄는 역할을 합니다. 이승만 대통령부
터 현재까지 대한민국은 총 20명의 대통령이 있었으며, 대통령의 임기는 5년입니다. 대한민
국의 대통령은 국민이 직접 선거로 선출하며, 선거는 매 5년마다 실시됩니다.

Web access를 활성화하고 질문한 결과(3월 15일)

다만, 인터넷의 정보를 검색해서 나온 결과이지 이 정보 자체를 챗GPT가 팩트체크까지 하는 것은 아님을 명심해야 하며 위 기능을 사용하면 검색된 기사의 내용을 중심으로 요약된 정보를 제공하므로 원래 챗GPT 기능이 떨어질 수 있다. 그럼에도 소개하는 이유는 챗GPT를 개발자들이 다양하게 연동·활용하는 실험을 할 수 있음을 보여주기 위함이다.

수많은 기업과 IT서비스 업종들이 챗GPT를 활용하거나 이를 통한 자사 서비스 업그레이드를 시도할 텐데, 이것은 단순히 질문만 잘한다고 해결되는 것이 아니라 프로그래머들의 역할이 필요하다. 챗GPT의 등장으로 프로그래머의 설자리가 많이 줄어들 것이라고 예측하지만 반대로 인공지능 활용기술 측면에서는 수요가 늘어날 수 있음을 명심하자.

질문하는 기술도 필요 없다?

챗GPT에 조금만 관심을 가지고 조사해보면 늘 "이제는 질문하는 기술을 익혀야 한다"라는 말이 나온다. 틀린 말은 아니다. 챗GPT는 질문하면 답을 하는 도구인데, 질문을 상세하게 하면 좀 더 원하는 답변을 얻을 수 있다. 또 AI로 미술작품을 그려주는 미드저니Midjourney의 경우 요청을 어떻게 하느냐에 따라 결과물이 많이 달라진다. 재미있는 일은 동일한 텍스트로 요청한다고 해서 동일한 결과물이 나오는 게 아니라는 것이다. 전체 화풍이 비슷할 수는 있지만 미세하더라도 다른 결과물이 나온다. 챗GPT나 미드저니 같은 생성AI에 질문해서 쓸모 있는 결과물을 얻었기에 동일한 결과물을 얻으려고 수없이 같은 질문을 해도 계속 다른 결과물이 나온다.

프롬프트 엔지니어링Prompt Engineering이라는 말이 있다. 프롬프트는 챗GPT나 미드저니 등과 같은 생성AI에 질문 또는 명령어의 입력을 기다리는 상태를 말하는데 프롬프트 엔지니어링은 한마디로 명령하는 기술을 말한다.

예를 들어 챗GPT에게 "프롬프트 엔지니어링에 대해 알려줘"라고 명령했을 때와 달리 "프롬프트 엔지니어링에 대해 설명해주고, 5가지 서로 다른 형식의 구체적인 예를 들어줘"라고 명령했을 때는 기본적인 설명 이외에 5가지 예를 구체적으로 들어 답변하는 것을 볼 수 있다.

2022년 8월 26일 미국의 콜로라도주립박람회 미술대회 디지털 아트 부문에서 우승을 차지한 〈스페이스 오페라 극장Theatre D'opera Spatial〉이라는 작품이 있다. 하지만 이 작품은 우승자가 발표되기 전까지 인공지능이 그린 줄 아무도 몰랐다. 미드저니라는 생성AI를 이용한 것인데, 미드저니를 이용해서 그림을 그리려면 어떠한 그림을 어떻게 그려달라고 텍스트로 명령하는 방법 외에는 없다. 바로 프롬프트 엔지니어링 기술이 미술작품이 된 것이다.

그렇다면 과연 어떤 텍스트를 입력해서 이와 같은 그림을 그렸을까? 그것은 이 그림을 그리도록 명령한 사람이 공개하기 전까지는 알 수 없다. 이렇듯 텍스트를 이용해 그림을 그리는 것부터 텍스트로 명령해서 책을 쓰는 것, 블로그 글을 작성하는 것 등 프롬프트를 자동으로 만들어주는 확장프로그램이 있다.

확장프로그램명: AIPRM for chatGPT

AIPRM 확장프로그램을 설치하고 챗GPT를 실행하면 전 세계의 수많은 사람이 필요로 하는 프롬프트(명령어)를 자동으로 생성해주는 다양한 기능이 나타난다. 이미 수천 개의 다양한 프롬프트 생성기가 등록되어 있고 여러 개발자가 매일 새 프롬프트 생성기를 만들고 있다. 글짓기, 프로그래밍, 마케팅, 검색엔진최적화SEO 등 주제를 선택할 수 있고 회계, 고객관계관리, 디자인 등 분야도 고를 수 있으며 챗GPT가 아닌 DALL-E2나 미드저니 같은 다른 생성AI

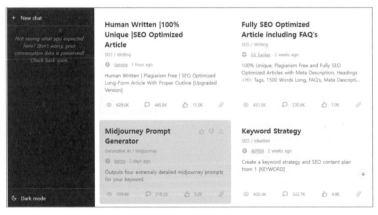

AIPRM 확장프로그램이 설치된 챗GPT 메인 화면

의 프롬프트를 만들어주는 것도 있다.

필자는 챗GPT가 성능을 높이려고 수많은 컴퓨팅 자원을 이용하면서 인공지능이 발달할수록 탄소배출량이 산술적으로 늘어나 지구가 더 아파질 수 있다는 사실을 알리고 싶었다. 그래서 미드저니를 이용해 그림을 몇 개 그려보기로 했다. 첫 번째는 키워드 몇 개로만 요청했다.

미드저니를 이용해 생성한 이미지 prompt: dangerous carbon emission, computer, server, AI, Save the earth, 챗GPT

생각보다 표현이 더 잘되었다. 미술작가가 작품활동을 할 때 자신이 담고 싶은 메시지를 어떻게 표현할지를 두고 상당한 고민을 하게 마련이다. 그러다가 번뜩이는 아이디어가 나오면 작업을 하게 되는데 생성AI는 이런 결과물이 나오는 데 30초밖에 걸리지 않았다.

이번에는 미드저니에 동일한 텍스트로 다시 명령했는데 앞서 보았던 그림과 같은 결과물이 아니라 새로운 그림이 나왔다. 이것

미드저니를 이용해 동일한 텍스트로 다시 생성한 이미지 prompt: dangerous carbon emission, computer, server, AI, Save the earth, 챗GPT

은 매우 의미 있는 결과다. 미드저니 같은 생성AI를 활용하여 그래픽 작업을 하는 사람들이 많아질 텐데, 미드저니의 특성상 다른 사람들이 어떤 텍스트로 작품을 만들었는지 모두 공개되기 때문에 내 프롬프트가 비밀에 부쳐질 수 없다. 따라서 다른 사람이 사용한 프롬프트를 모방해서 이미지를 생성하는 사례도 많이 나올 텐데 동일한 텍스트라 하더라도 다른 이미지가 생성되므로 결과물의 유

미드저니를 이용한 이미지 생성 prompt: 챗GPT가 성능을 높이기 위해 수많은 컴퓨팅 자원을 이용하고 결국 인공지능이 발전할수록 탄소배출량은 산술적으로 늘어나 지구가 너욱 아파질 수 있다는 것을 알리고 싶다.

일성을 어느 정도 주장할 수 있는 것이다.

이제 키워드로 명령하지 않고 내가 원하는 바를 그대로 적어보았다. 키워드로 명령했을 때는 경고의 느낌이 강했고, 문장으로 명령했을 때는 지구가 아프다는 느낌을 살리려고 한 것 같다. 물론 이것은 AI가 알아서 했다기보다는 내가 어떤 키워드를 썼는지, 문맥에서 강조하고 싶은 것이 무엇인지 등 결국 내가 요청한 결과물이다. 마지막으로 챗GPT에서 미드저니용 프롬프트를 자동으로 생성해주는 확장프로그램 AIPRM을 이용해 텍스트를 만들었다. 내가

AIPRM에서 미드저니용 프롬프트 자동생성기를 활용하여 생성된 텍스트로 생성한 이미지/ imagine prompt: Dangerous carbon emission, computer, server, AI, Save the earth, chatGPT, Circular economy An artwork created with recycled computer and server parts, showcasing a circular economy system where every component is reused or repurposed, preventing hazardous waste and carbon emissions. The artwork is set in a brightly lit gallery, with 챗GPT projected on a screen explaining the bene-fits of circular economy to visitors. ─ar 16:9 ─niji ─

입력한 키워드는 최초에 입력했던 키워드였고 AIPRM은 5개 프롬프트를 자동으로 만들어주었다. 그중 하나의 프롬프트를 복사해서 미드저니에 붙여넣기 하여 이미지를 생성해보았다.

이와 같이 질문에 따라 다양한 결과물을 얻을 수 있으므로 어떤 키워드로 질의할지, 질문을 만들어주는 툴을 이용할지는 제작자의 판단이고 어떤 결과물을 활용할지 역시 작가의 판단이다. 필자는 생성AI로 이미지를 제작하는 예를 들었지만 챗GPT를 이용하는 이용자의 요구에 따라 다양하게 프롬프트를 만들 수 있다.

우리 역할 분담 하자

· · · · · · · · · ·

인공지능이 나올 때 항상 따라나오는 이야기가 있다. 바로 일자리에 관한 것이다. 인공지능으로 사라질 일자리, 새로 생길 일자리 이야기가 많이 나왔지만 필자는 주변에 인공지능 때문에 일자리를 잃었다고 하는 사람은 아직 찾지 못했다.

하지만 챗GPT, DALL-E2 등 생성AI가 등장하면서 이 문제를 집중적으로 짚어볼 때가 되었다. 어떤 일자리가 없어질지를 얘기할 것이 아니라 직업별로 일하는 방식을 어떻게 바꿀지를 생각해보아야 한다. 직업이 없어지는 것이 아니라 일하는 방식이 바뀌는 것일 뿐이기 때문이다.

교육시스템의 변화

가장 먼저 다룰 분야는 근본적으로 영향을 받는 교육 분야이다. 이는 선생님 영역과 학생 영역을 나눠서 생각해보아야 한다. 학생도 대학생과 청소년을 구분해야 한다. 생성AI의 등장과 발전으로 교육시스템에 어떤 영향이 있고 앞으로 어떻게 인공지능과 역할을 분담할지를 두고 끊임없이 논의될 테지만 교육시스템 자체가 변화하는 데는 시간이 많이 걸릴 것이다. 필자는 생성AI의 등장으로 길을 잃을 위기에 놓인 아들에게 의견을 주려고 글을 쓰는 만큼 청소년을 중심으로 한 교육시스템을 중점적으로 다룬다.

먼저 청소년에 대한 이해에서 출발해야 한다. 나에게는 중학교 3학년인 아들 외에 대학을 졸업하고 사회생활을 시작한 딸도 있다. 둘 다 이른바 MZ세대라고 칭하지만 아들은 항상 자신을 MZ세대가 아닌 Z세대라고 말한다. Z세대는 태어날 때부터 디지털을 접했다. 음식점에 가면 서너 살 먹은 아이가 전용의자에 앉아 엄마가 주는 음식을 받아먹으며 아이패드나 스마트폰을 보는 장면을 자연스럽게 볼 수 있다. 스마트폰이 없는 Z세대는 상상하기 어려울 만큼 이들은 생활 전반을 전자기기와 함께한다.

또한 초등학교에 들어가기 전부터 이미 유튜브가 선생님이었고 부모님이나 선생님의 말씀보다 유명 유튜버가 말한 것을 더 믿는

다. 누군가와 대화하다가 궁금한 것이 생기면 바로 검색해보기 때문에 요즘 Z세대는 내 학창시절과 비교했을 때 아는 게 너무 많다. 대부분 게임을 좋아하고 소셜로 소통하는 데 익숙하며 다른 세대에 비해 스스로를 자랑하고 싶어 하는 성향이 있다.

또 다른 특징은 형제가 없는 경우가 많고 대부분이 학원 등 사교육을 받아야 해서 늘 바쁘다. 학교와 학원을 가지 않는 시간에 게임도 해야 하고 유튜브 영상도 봐야 하고 친구들과 소셜로 소통도 해야 한다. 다시 말해 부모와 소통할 시간이 별로 없다. 요즘 청소년은 내가 자라던 때에 비해 훨씬 조숙하고 호기심이 많으며 꿈을 키워가고 있지만 절제 능력이 떨어지는 것은 부인할 수 없다.

이런 청소년에게 스마트폰보다 더 재미있고 유용한 인공지능이 생겼지만 통제하기는 어렵다. 스마트폰을 비롯한 모든 전자기기 사용을 금하지 않는 한 챗GPT를 이용하지 못하게 자연스럽게 막을 방법이 없다.

그럼 청소년은 과연 챗GPT에게 어떠한 질문을 하게 될까?

시각디자이너의 역할 분담

시각디자인 관련 분야는 직접적으로 영향을 받게 된다. 시각디자인 관련 직업에는 그래픽 디자인, 웹 디자인, 사용자 인터페이스UI 디자인, 사용자 경험UX 디자인, 모션 그래픽 등이 포함될 수 있다. 그래픽 디자인은 시각디자인 산업에서 가장 잘 알려진 분야로 로고, 광고, 브로셔, 포장과 같은 시각적 콘텐츠를 만든다. 웹 디자인은 시각적으로 매력적이고 탐색하기 쉬운 웹 사이트 디자인 작업을 수행한다.

UI, UX 디자인은 사용자를 위한 디지털 인터페이스를 만드는 데 중점을 둔 분야로 UI 디자이너는 디지털 인터페이스의 시각적 디자인에 중점을 두고 UX 디자이너는 전반적인 사용자 경험에 중점을 둔다. 모션 그래픽은 점점 더 중요해지고 있는 시각디자인 산업의 또 다른 영역으로 비디오, 영화, 디지털 플랫폼을 포함한 다양한 매체를 위한 애니메이션 콘텐츠를 제작한다.

시각디자이너는 단순히 그림을 그리는 게 아니라 소통을 설계하고 한 발 더 나아가 시각적 결과물로 사람 마음을 움직이게 하는 일을 한다고 할 수 있다. 따라서 시각디자이너에게 가장 중요한 역할은 메시지와 디자인 콘셉트를 설계할 수 있는 기획력이다.

시각디자인 직업과 챗GPT의 역할 분담

챗GPT나 미드저니 같은 생성AI가 내놓은 답변을 최종 결과물로 바로 활용하기에는 대부분 무리가 있다. 분명 훌륭한 답변이 나왔지만 그것은 우리가 생각하고 조사하고 분석하면서 영감을 불어넣는 과정에서 또 하나의 도구로 우리를 지원해준 것이다. 디자인은 시각적 효과로 사람과 소통하는 역할을 하므로 콘셉트와 맥락에 대한 정의가 제일 중요하다. 콘셉트를 정의하려면 핵심 키워드와 메시지를 설계해야 한다. 이 과정이 디자이너가 감당하는 고독한 시간이다. 챗GPT는 이 고독한 시간에 디자이너의 서포터즈이자 때로는 조언자가 될 수 있다.

일부에서 생성AI로 디자이너의 일자리가 없어질 거라고 하는데, 이는 맞지 않는 말이다. 인공지능 시대에 디자이너가 강화해야 할 능력은 무엇인지 고민하고 인공지능과 디자이너가 어떻게 역할 분담을 하면 효율을 극대화할 수 있는지 연구해야 한다.

시각디자이너 중 기획은 하지 않고 디자인 작업만 하는 사람은 생성AI를 시안 작업을 하는 용도로 활용할 수 있다. 생성AI는 여러 가지 시안을 빠른 시간 안에 만들어볼 수 있으므로 작업 효율을 올려주는 용도로 활용할 수 있다. 디자이너에게 작업을 의뢰하는 이들은 대개 시안을 가능하면 빨리 그것도 여러 개 보고 싶어 한다. 시안을 제작하여 보고했는데 전면적으로 다시 해야 하는 상황이 벌어지면 의뢰자도, 디자이너도 시간과 비용 면에서 손실이다. 따라서 생성AI가 최종 결과물을 만드는 것이 아니라 시안을 빠르게 만들어주는 역할이 제일 적절한 것 같다.

시각디자인 시장에서 없어질 개연성이 있는 경우도 있다. 품질이 그다지 좋지 않아도 되면서 싸고 빠르게 작업을 요구하는 것이다. 예를 들어 웹소설 플랫폼에서 다양한 신인작가가 소설을 연재할 때 자기만의 소설 표지를 가지고 싶어 한다. 하지만 글은 쓸 수 있지만 그림 그리는 재주가 없는 작가들을 대상으로 표지를 디자인해주는 아르바이트가 있는데 이 직업은 상당히 위축될 가능성이 높다.

실제로 웹소설을 쓰는 아들이 자기만의 표지를 가지고 싶어 해서 미드저니 툴을 알려주었더니 직접 표지를 만들면서 기뻐했는데, 챗GPT의 등장으로 살짝 위기의식을 느낀 아들에게 필요한 부분에서 생성AI를 직접 체험하게 한 것은 좋은 계기였다.

아들이 인공지능으로 지접 그린 웹소설 퓨지

기업교육 시장의 변화

챗GPT가 등장하고 나서 정부, 공기업, 일반기업 등에서 챗GPT 특강 요청이 많아지고 있다. 챗GPT에 대한 특별한 강의를 위해서 인공지능 전문기업의 CEO나 CTO, 인공지능 전공 교수님들의 발걸음이 매우 빨라졌다. 특히 이러한 문의를 많이 받는 곳은 기업교육을 주사업으로 하는 교육사업자이다.

기업교육은 크게 신입사원 교육부터 리더십 교육, 직무능력향상 교육, 커뮤니케이션 교육, 조직문화 향상 교육, 컴플라이언스 교육, 코칭 교육, 최신 트렌드 특강 등 과정이 다양하며 많은 기업이 교육서비스를 적극 활용하고 있다. 그렇다면 챗GPT 관련 교육은 어떤 분야에 해당할까? 최신 IT 트렌드로 특강을 하면 되는 것일까?

필자는 아니라고 본다. 기업교육 시장은 챗GPT로 가장 크게 변화하는 분야의 하나가 될 것이다. 그 이유는 기업의 업무 환경이 발빠르게 챗GPT 등의 인공지능을 도입하는 쪽으로 바뀔 것이기 때문이다. 인공지능이 업무에 적용되면 조직이 운영되는 체계부터 직무에 필요한 역량 등의 변경이 불가피하다. 그런데 과거 방식으로 된 교재와 유명하기는 하지만 챗GPT를 적극 활용하지 못하는 강사의 강의는 기업교육에서 경쟁력을 잃을 수도 있다.

1인 크리에이터를 넘어
1인 유니콘으로

최근 몇 년간 인터넷과 소셜미디어의 발전으로 1인 크리에이터 시장이 빠르게 성장하였다. 1인 크리에이터는 개인이 자신의 역량과 노력으로 다양한 디지털 콘텐츠를 만들어내고 이를 인터넷을 통해 배포함으로써 수익을 창출하는 비즈니스 모델로 유튜브, 틱톡, 인스타그램, 트위치 등 다양한 플랫폼에서 콘텐츠 제작과 홍보가 이루어지고 있다. 이러한 플랫폼은 크리에이터가 직접 독자나 시청자들과 상호작용하며 콘텐츠 제작과 배포를 손쉽게 할 수 있는 기반을 제공한다. 또한 NFT 기술의 등장으로 미술작가가 아니더라도 누구든 NFT 크리에이터가 되는 시장이 열린 것 또한 확인했다.

1인 크리에이터는 결국 콘텐츠가 핵심이다. 글, 그림, 영상 등 콘텐츠를 가지고 있는 사람은 누구나 1인 크리에이터가 되는 것이 어렵지 않다. 그런데 챗GPT 등 생성AI의 등장은 단순히 1인 크리에이터를 넘어 1인 유니콘 시대를 여는 신호탄이 될 수 있다.

이미 나와 있는 비즈니스 모델이지만 예를 들어 다양하게 등장한 생성AI의 프롬프트를 사고파는 마켓플레이스를 만들어 사업을 한다고 가정해보자.

앞서 이야기했지만, 회사 이름을 정하는 것부터 로고 디자인,

홈페이지, UI/UX 디자인부터 코딩에 이르기까지 모두 생성AI의 도움을 받을 수 있다. 1인 유니콘 대표는 무엇을 원하는지만 명확히 정하면 된다. 회사에 필요한 각종 매뉴얼, 서비스 브로셔 등 또한 생성AI가 만들어준다. 각종 보도자료 작성, 블로그 작성, 유튜브 영상 제작 등 마케팅도 별도 직원 없이 챗GPT의 도움을 받을 수 있다.

글로벌 마케팅도 문제없다. 챗GPT가 이미 26개 언어로 자유롭게 번역해주며 고객과 소통하는 이메일 작성에도 도움을 준다. 대표가 갖추어야 할 능력은 기획이다. 결국 무엇을 원하는가, 무엇을 할 것인가의 영역인 것이다. 두 번째는 챗GPT 등 생성AI 활용능력이다. 마지막으로 갖추어야 할 능력은 챗GPT가 절대로 대신할 수 없는 사람과의 소통 능력이다.

이 일은 내가 할게

챗GPT 시대를 받아들일 수밖에 없는 현실이 눈앞에 와 있다. 많은 것을 인공지능이 도와주는 시대가 이미 와버렸고 인공지능 기술은 지속적으로 그것도 매우 빠르게 업그레이드될 것이다.

필자 또한 사업을 하면서 챗GPT와 다른 생성AI를 적극적으로 활용하기 시작했는데 우리는 어떤 역량을 더욱 강화하고 챗GPT와 효율적인 협업을 어떻게 할지 진지한 고민이 필요하다. 또한 학창시절을 보내는 청소년에게 어떤 방향성과 배움의 길을 제시해야 공감을 얻을지도 생각해야 한다.

중요한 것은
내가 뭘 원하느냐이다

챗GPT로 무엇을 할 수 있는지를 설명하는 것은 솔직히 큰 의미가 없다고 본다. 그냥 이러한 것이 되었으면 좋겠다고 생각하고 검색해보면 이미 나와 있거나 누군가는 그것을 준비하고 있다고 생각하면 된다. 이것은 과장된 표현이 아니라 그 정도로 이미 와버린 것이다. 오히려 챗GPT가 무엇을 할 수 있는지 궁금해하기보다 내가 무엇을 원하느냐가 더 중요하다는 점이다.

챗GPT에게 질문하면 이용자가 원하는 답변을 만들어내려고 최선을 다한다. 간혹 없는 답을 지어내는 단점이 아직 있지만, 분야별로 생산성을 높이는 보조수단으로 그 역할을 톡톡히 할 것이 분명하다. 자기가 직접 인공지능 개발자가 되어 더욱 성능이 좋은 인공지능 알고리즘을 개발할 것이 아니라면 우리는 모두 이를 활용하는 사람들이다. 어떤 사람은 사업에 활용하고 어떤 사람은 업무에 활용하고 또 어떤 사람은 단순히 대화를 나눌 친구가 필요할 수도 있다.

챗GPT 시대가 왔다고 해서 우리 삶이 달라지는 것은 아니다. 여전히 직장에 다니는 사람은 직장에서 주어진 업무를 성실하게 수행하고 사업을 하는 사람은 고객에게 더 좋은 제품과 서비스를 제공하여 매출을 올리려고 고군분투할 테고 꿈을 향해 도전하는 사람은 하루하루 성장하는 기쁨을 느끼며 앞으로 나아갈 것이다.

다만 챗GPT라는 훌륭한 도구이자 어시스턴트가 생겼으니 일하는 방식을 바꿀 수 있다. 지금보다 훨씬 더 효율적인 방식으로 말이다. 인공지능이 인류를 지배할지도 모른다는 식의 지나친 걱정은 할 필요가 없다. 지금 우리가 생각해야 하는 것은 정확하게 내가 원하는 것을 정의하는 것이다. 조금 나아간다면 혹시 남들이 이런 것을 원하지 않을까? 하는 생각이다. 내가 원하는 것을 찾아내면 내 삶이 더욱 효율적으로 바뀔 수 있고 남이 원하는 것을 찾아내면 좋은 사업 거리가 될 수 있다.

거창하게 생각할 필요가 없다. 성공한 사업이 지극히 사소한 것에서 출발한 사례를 우리는 많이 보았다. 출발은 매우 간단하게 할 수 있다. 내 생활을 크게는 한 달, 작게는 일주일 또는 하루를 기준으로 되돌아보면 된다.

과거를 돌아보기가 귀찮으면 바로 지금부터 일어나는 내 생활을 지켜보면 된다. 그러면서 원하는 것을 메모하면 된다. 꼭 있었으면 하는 것들, 불편한 것들, 반복적으로 해야 하는 것들, 해야 하는데 자꾸 까먹는 것들, 누가 도와주었으면 하는 것들 등 모두 메모를 해보자. 여러분은 지금 이 책을 읽고 있지만 평소 생활에서 스마트폰이나 컴퓨터를 사용할 가능성은 100%에 가깝기에 누구에게도 해당되는 사항이다.

기획이 핵심이다

챗GPT의 등장으로 사람과 인공지능을 비교하는 일이 자주 있다. 챗GPT가 새로운 글의 작성부터 문서 요약, 추론, 분석 등 할 수 있는 기능이 많아지면서 챗GPT가 하지 못하는 인간의 영역이 무엇인지 많은 사람이 관심을 갖는다. 그중 가장 많이 거론되는 것은 인간만이 가지는 창의성이다. 하지만 필자 생각은 약간 다르다. 무에서 유를 만들어내는 창의성은 분명 인간이 뛰어나다.

챗GPT가 아무리 GPT5에 이어 GPT10으로 확장되어도 내가 원하는 게 뭔지 답해주지 않는다. 내가 살아온 삶과 내가 배운 것, 경험한 것, 세상이 돌아가는 이야기를 챗GPT가 다 알고 있다고 해도 내가 어떻게 살아야 하는지를 알려주지는 않는다. 돈을 많이 벌고 싶다고 해서 내가 할 수 있는 것을 기준으로 별다른 노력 없이 돈 많이 버는 방법을 물어본다고 해서 챗GPT가 이를 알려줄 수는 없다.

챗GPT 시대에 우리가 갖추어야 할 첫 번째가 원하는 것을 정하는 것이고 두 번째는 기획자가 되는 것이다. 모든 비즈니스 영역에서 가장 중요한 역량은 기획 역량이다. 회사를 운영하기 위한 경영기획부터 사업기획, 마케팅기획, 비즈니스모델기획, 영업기획 등모든 일의 출발은 기획이다. 무언가를 시작할 때 계획을 수립하는 것과 같은 맥락이다.

계획을 수립하려면 우선 목표가 정해져야 한다. 목표가 정해지면 지금 현재부터 목표까지 가는 길을 그려야 하고 시간과 비용이 얼마나 드는지, 중간단계는 어디를 거쳐가야 하는지 등 가는 과정에서 어려움을 만나면 어떻게 대처할지 등의 계획을 수립해야 한다.

프로그래밍을 하는 경우에도 무턱대고 코딩을 시작하지 않는다. 무엇을 개발할지 정하고 서비스 플로에 대한 정의, 사용자 인터페이스 설계, 기능 정의 등 모든 계획을 수립해야만 일을 분담할 수 있고 코딩에 착수할 수 있다.

챗GPT는 훌륭한 도구이자 어시스턴트로 챗GPT를 활용해 시간을 단축하고 업무 생산성을 높이는 것은 확신할 수 있지만 챗GPT를 어떻게 다룰지는 사용자 몫이다. 또 챗GPT와 어떻게 분담하여 일할지 역시 기획자 몫이다. 최근 한 스타트업에서 개발자를 뽑는 공고를 하면서 코딩 능력이 없어도 기획능력만 있으면 지원 가능하다고 했던 이유를 이해할 수 있다.

지휘자가 되어야 한다

챗GPT 시대에 빼놓을 수 없는 역량은 바로 챗GPT를 잘 활용하는 것이다. 챗GPT가 어디까지 해낼 수 있는지 그 능력과 한계를 모두 알아야만 내가 무엇을 하고 챗GPT가 무엇을 할지 역할도 나누고 직원들에게 업무를 지시할 때도 챗GPT가 결합된 직원의 능력을 감안해 적절한 업무 배분과 시간관리가 가능해진다.

챗GPT에 대해 구체적인 활용방법을 알고자 한다면 어떤 동영상 강의도 보지 말고 지금 당장 컴퓨터를 열고 챗GPT에게 질문하면 된다.

어디로 가야 할지 목표를 명확히 하고, 목표를 향해 달려가는 길을 정의한 다음 챗GPT 활용능력을 갖추면 이제 남는 건 멋있는 지휘자가 되는 것이다. 기획능력과 챗GPT 활용능력을 모두 갖추면 업무능력이 최소 3배 이상 높아질 것이다.

청소년은 얘기가 달라진다

중학교 3학년 아들에게는 내가 정한 원칙이 모두 그대로 적용되는 것은 아니라는 것이 문제다. 목표를 정하는 건 똑같다. 어떤 대학을 가고 싶은지, 어떤 전공을 하고 싶은지, 어떤 회사에 취직하고 싶은지, 어떤 삶을 살지 등 모든 것이 열려 있기 때문에 목표를 정하는 일조차 쉽지 않다. 입시 위주의 교육시스템에서 중학교 때부터 취직을 준비하거나 사업을 기획한다는 것은 있을 수 없는 일이다. 중학교 때도 대학을 가기 위해 공부하고 고등학교 때도 대학을 가기 위해 공부하는 교육환경에서 챗GPT는 공부를 방해하는 요소로 인식될 가능성이 높다.

지금 교실에는 대부분 대형모니터가 있으며 선생님들 또한 파워포인트로 수업준비를 하는 것이 일상이다. 우리는 코로나19를 극복하면서 비대면으로도 수업이 가능한 상황을 경험했다. 분명 어쩔 수 없는 상황에 잘 대처한 것이었지만 IT를 활용한 교육에 대해 거부감은 거의 없다.

내 아들에게 챗GPT 시대에 이런 식으로 해야 한다고 설명하는 것은 솔직히 무리가 있다. 왜냐하면 바꿔야 하고 변화에 적응해야 하는 것은 학생이 아니라 교육체계이기 때문이다. 학교에서 준비한 방과후 학습 프로그램을 보면 운동, 음악, 코딩, 취미 등 다양하다. 조만간 방과후 학습에 챗GPT 활용방법에 대한 프로그램도 생

길 수 있다. 하지만 거의 모든 학생이 별도로 가르쳐주지 않아도 챗
GPT를 알게 될 테고 카카오톡을 쓰듯이 챗GPT와 대화하게 될 것
이다.

인공지능 시대에 위협받는 직군 중 '교사'가 상위에 올라 있다.
과거의 지식을 전달하는 과목의 경우 더군다나 위협을 받을 수 있
다. 물론 임용고시를 통과해서 선생님이 되는 선생님 자격을 챗
GPT가 대신할 수는 없다. 선생님은 진심으로 제자가 성장하기를
바라지만 학생들 모두가 진심으로 숙제를 하진 않는다.

선생님이 낸 과제를 학생들이 모두 챗GPT에게 물어보고 답을
해왔다고 해서 과연 잘못했다고 말할 수 있을까? 과제를 해결하려
고 교과서를 뒤지거나, 참고서를 보거나, 백과사전을 참고하거나, 네
이버 지식검색에서 물어보거나, 챗GPT와 대화해서 만들어진 답변
이 차이가 있다고 생각하지 않는다. 학생들은 과제를 해결하려고
자기가 할 수 있는 최선의 방법으로 답을 찾아온 것이다.

재미있는 예가 하나 있다. 필자는 최근 국어 수능문제를 접하고
깜짝 놀랐다. 내가 경험했던 국어시험이 아니었다. 필자의 학창시
절에는 배운 범위에서 시험문제가 출제되었는데 지금은 세상에 본
적 없는 지문이, 그것도 길게 나오며 내용도 과학인지, 사회인지 구
분이 안 갈 정도로 다양해졌다. 이러한 지문을 수험생이 짧은 시간
안에 읽고 의미를 찾아내고 문제를 푼다는 것이 신기했다.

그런데 챗GPT에게 수학능력시험 국어 문제를 보여주고 풀게

했는데 상당히 고득점이 나왔다. 챗GPT 개발사인 OpenAI에서 챗 GPT에게 국어문법을 가르친 적이 없는데 말이다. 챗GPT가 정말 로 국어를 이해하고 있는 것인가? 이제는 GPT4가 나와서 문제를 카메라로 찍어 챗GPT에게 보여주기만 하면 국어뿐 아니라 수학, 과학, 역사 문제 등을 척척 풀어준다.

필자도 Z세대인 중학교 3학년 아들을 두고 있지만 요즘 청소년 은 의식수준이 상당히 깨어 있는 편이다. 정치에 대해 비판도 많이 하고 부당하다고 생각하는 것에 자기 의견을 정확히 밝히는 편이 다. 선생님들은 이제 학생들의 도전에 직면할 것이다. 선생님이 출 제한 과제수행을 챗GPT 도움을 받아서 해도 되는지 학생들이 질 문하게 될 것이다. 챗GPT의 도움으로 과제를 제출한 것에 대해 선 생님이 인정하지 않으면 강하게 맞설 수도 있다. 변해야 한다. 그 것도 매우 빠르게 학교의 교육시스템이 변해야 한다. 학생들이 챗 GPT 시대를 살고 있음을 인정해야 한다.

처음에는 아들에게 챗GPT 시대를 어떻게 대응해야 하는지 설 명하기가 어려웠다. 잘못 이야기하면 구시대적이고 멈춰 있는 학 교시스템에 대한 불평을 늘어놓으며 역효과가 날 수 있다는 우려 가 있었다. 그래서 우리나라 교육시스템의 한계에 대해 먼저 대화 를 나누었다. 아들이 중학교 1~2학년 때까지만 해도 나는 아들에 게 '꼰대'처럼 그렇게 공부해서는 원하는 대학에 갈 수 없다고 주장 했다.

바보같이 각 대학의 입학정원이 몇 명이고 수험생 숫자가 재수생 포함해서 몇 명이고 몇 프로 안에 들어가야 어느 대학에 갈 수 있고… 이런 말을 한 적이 있는데 그건 잘못된 논리였다. 나조차 현재의 교육시스템과 사회시스템의 틀에 갇혀 모든 것을 대학진학에 방점을 둔 낡은 사고방식에 불과했다. 아들의 중학교 2학년 겨울방학을 기점으로 내 모든 생각을 고쳐먹었다. 그리고 정말로 아이가 하고 싶어 하는 것을 찾아주자고 마음먹었다.

지금 필자는 아들에게 챗GPT를 적극적으로 활용하라고 한다. 그 대신 챗GPT의 한계를 명확히 알려주고 참고자료 정도로 활용하라고 한다. 또한 성취감을 느끼는 삶이 얼마나 멋진 삶인지 들려주고 〈슬램덩크〉의 유명한 대사인 "왼손은 그저 거들 뿐"을 언급하며 챗GPT가 그 정도 존재라고 이야기한다. 그리고 내 이야기도 해준다. 아빠가 일하는 데에 챗GPT를 어떻게 활용하는지 세세하게 들려준다.

좋아!
나랑 같이하자

오늘부터 1일이야!

이 책을 집필하게 된 것은 나에게 큰 행운이다. 평소 늘 바쁜 업무로 시간이 별로 없기 때문에 챗GPT를 트렌드 관점에서 바라보았을 테고, 사람들과 소통하는 데 뒤처지지 않기 위해 최신 정보를 경험하고 있었을 것이다. 게다가 문서작성에서 깐깐함을 드러내는 성향과 내 손으로 처음부터 끝까지 프레젠테이션 문서를 만들지 않으면 안 되는 스타일로 챗GPT를 업무에 활용할 생각은 그다지 하지 않았을 것 같다.

하지만 책을 집필하는 과정에서 아들에게 들려줄 답을 찾기 위해 나 스스로 제대로 경험하지 않으면 안 되었고 장단점을 명확하게 이해해야만 올바른 의견을 제시할 수 있다는 생각에 챗GPT와 거의 사귀다시피 함께 시간을 보내게 되었다.

내가 내린 결론은 챗GPT가 적어도 나에게는 꽤 쓸모 있는 놈이라는 것이다. 가스라이팅 시간은 끝났다. 사람마다 상황이 다르겠지만 나는 오늘 본격적으로 챗GPT를 포함한 생성AI와 만나기로 했다.

"챗GPT! 우리 오늘부터 1일이야."

삶의 목표를 수정하다

스튜어트 프리드먼이 지은 『와튼 스쿨 인생 특강』이라는 책에 보면 삶을 구성하는 네 가지 영역에 대해 나와 있는데 그것은 가정, 일, 공동체 그리고 나 자신이다. 사람들은 제각각 이 네 가지 영역에 대해 서로 다른 비중의 삶을 살고 있다. 책에서는 삶을 살아가면서 네 가지 영역이 균형을 유지하는 것이 중요함을 알려주고 있다. 하지만 필자는 스타트업을 경영하면서 균형 있는 계획을 세울 수 없었다. 90%는 일이 최우선이었고 가정 5%, 공동체 생활 3% 그리고 나 자신은 2%만 할당했다.

그런데 챗GPT와 만나기 시작하면서 내 목표를 수정해야 함을 느꼈다. 먼저 챗GPT를 활용하면서 내 업무 효율이 높아져 시간을 좀 벌게 되었다. 귀중하게 번 시간을 가정과 나 자신에게 투자할 수 있게 되었고 책을 출간하면서 사람들과 더 많이 소통할 기회가 생겼다. 아들 덕분에 이 책을 쓰게 되었지만 이미 성인이 되어 직장 생활을 하는 딸은 늘 아빠처럼 살지 않겠다고 말하곤 했다. 워라밸이 있는 삶을 살겠다고 말이다.

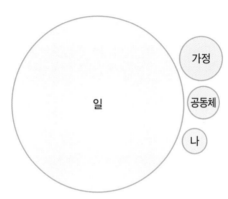

챗GPT를 만나기 전 내 삶의 배분

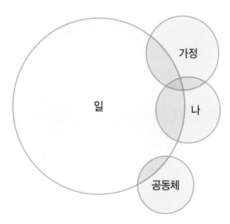

챗GPT를 만난 후 변화된 내 삶의 배분

30년 가까이 계속한 직장생활을 돌이켜보면 늘 일이 90%인 삶을 살았던 것 같다. 이제 그 균형을 깨고 일 60%, 가정 15%, 공동체 10% 그리고 나 자신 15%를 배정하는 좀 더 균형 있는 삶의 목표를 세울 수 있었다.

삶을 균형 있게 배분할 때 무엇보다 달라진 것이 있다. 예전에는 일, 가정, 공동체, 나 자신을 분배하면서 이것들이 각각 서로 겹치지 않아야 한다고 생각했다. 하지만 나 자신을 위해 꼭 하고 싶었던 책을 집필하면서 가정에서 대화할 일이 많아졌고 늘 하고 싶었던 강의도 많이 하게 되었으며 단순 강의를 넘어 이를 교육사업으로까지 확대하니 자연스럽게 삶의 영역이 겹쳤다. 챗GPT가 나에게는 아주 큰 선물이 된 것이다.

새로운 버킷 리스트

모두가 아는 용어이겠지만 '인생에서 꼭 이루고 싶은 목표나 하고 싶은 것' 하면 떠오르는 단어인 버킷 리스트Bucket List가 있다. '버킷'이라는 단어는 영어 속담 'kick the bucket'에서 유래했는데 이것은 사람이 죽는다는 것을 나타내는 은어이다. 따라서 버킷 리스트는 죽기 전에 꼭 이루고 싶은 꿈이나 목표를 나열한 것을 뜻한다.

사람들은 자신의 열정, 꿈, 여행지 등 다양한 개인적인 목표를 버킷 리스트에 포함시킨다. 이 목록으로 사람들은 목표를 분명하게 설정하고 그것을 이루기 위한 동기부여를 받는 것이다.

필자도 똑같이 생각했다. 버킷 리스트를 적겠다고 시도한 적이 많았는데 죽기 전에 꼭 해봐야 하는 거라면 이 정도는 되어야지 하는 생각에 이루고 싶은 것이 아니라 이루기 어려울 것 같아 보이는 것이 버킷 리스트가 되어야 한다는 강박관념이 있었다. 이탈리아 나폴리에 있는 란티카 피체리아 다 미켈레L'Antica Pizzeria da Michele에 가족과 함께 가서 맛있는 피자와 스파게티를 먹어야겠다는 것도 버킷 리스트 목록으로 훌륭하지만 아들과 함께 자전거를 타고 한강까지 달려가 즉석라면을 먹는 것 또한 버킷 리스트로 훌륭한 것이다.

몰랐다. 적어도 지금까지는 그렇게 생각하지 않았다. 보통 누군가와 만나기 시작하면 절대적인 시간을 쏟아야 하기 때문에 다른 요소들에 소홀해지기 마련인데 챗GPT는 신기한 놈이다. 오히려 다른 곳에 눈을 돌릴 여유를 만들어준다.

두근거리는 마음에 이곳에 필자가 새로 정한 버킷 리스트 100을 나열하고 싶었지만 아들의 만류로 참아야 했다. 버킷 리스트 또한 일, 가정, 공동체, 나 자신 네 가지 영역으로 구분해서 정했다. 인생의 목표, 죽기 전에 해보고 싶은 것 등 거창한 버킷 리스트가 아니라 가벼운 마음으로 그냥 하고 싶은 것을 적었다.

N잡러의 삶도 괜찮은걸!

챗GPT의 등장으로 가장 많이 쏟아진 유튜브 콘텐츠는 돈 벌기에 관한 것이다. 챗GPT로 책도 금방 쓸 수 있고 컨설팅 보고서도 만들 수 있다. 다른 생성AI 툴을 이용하면 미디어 아트 작품을 만들 수도 있고 유튜브 영상도 만들어준다. 단 몇 분 만에 만들어주는 블로그 콘텐츠 등으로 마케팅 대행도 가능하다.

챗GPT를 활용하면 투잡, 쓰리잡을 넘어 그 이상의 돈 벌기가 가능할 수 있는 건 사실이다. 하지만 챗GPT로 소중하게 얻은 시간을 또다시 챗GPT를 활용한 돈 벌기에 투자하면 균형 있는 삶을 유지하는 데 또다시 실패할 수 있다. 따라서 균형 있는 삶의 목표를 유지하는 가운데 N잡러의 길을 설계해야 한다.

필자는 돈 버는 직업을 여러 개 가진다는 의미에서 N잡러라는 단어를 선택한 것이 아니다. 기존에 하던 일을 챗GPT로 효율화한 후 확보된 시간으로 하고 싶었는데 시간이 없어서 도전하지 못했던 일을 해볼 수 있다는 측면을 강조하려는 것이고 그 과정에서 부수적인 수입까지 생긴다면 더 좋은 것이라 생각한다.

시간을 훔치다

우리 모두에게 평등하게 주어진 24시간. 잠도 자야 하고 밥도 먹어야 한다. 새벽 3시에 일어나 활동하는 초극아침형 타입부터 새벽 3~4시에 잠을 청하는 올빼미형 타입까지 다양하다. 우리는 가끔 성공담에서 매일 2~3시간씩 자면서 일했다는 이야기를 듣곤 한다.

2005년에 출간된 토머스 L. 프리드먼의 『세계는 평평하다』에 따르면 세계화와 정보기술의 발전이 경제, 문화, 사회 등 여러 분야에서 경계를 허물어 평평한 세상이 만들어지고 있다. 지구 반대편에 있는 국가의 기업과 협력하여 소프트웨어 개발을 24시간 할 수도 있다. 내가 개발을 진행하다 잠들기 전 이제 아침을 시작하는 지구 반대편 파트너에게 다음 개발을 맡기고 잠을 청할 수 있다. 즉, 잠자는 동안에도 실제로 나는 개발을 하는 것이다.

챗GPT를 신호탄으로 인공지능의 대중화를 체험하게 되면서 이제는 국가 간 벽이 허물어지는 것을 넘어 기계와 인간 사이의 벽이 허물어지는 것이 아닌가 조심스럽게 전망해본다. 챗GPT 시대에는 누구나 24시간을 다 쓸 수 있는 길이 열렸다. 이것이 잠을 자지 말라는 것이 아님을 우리 모두 충분히 안다.

챗GPT로 지구 살리기

앞서 언급한 바 있지만 필자는 지구 환경을 살리는 사업을 하고 있다. 이 책의 주제에서 벗어나는 것일 수도 있지만 너무도 중요한 일이기에 몇 가지를 언급하려고 한다. 최근에 우리 모두 느낄 정도로 기후변화를 체감하고 있다. 지구 온도가 온실가스로 최근 100년 동안 1.1도 상승하면서 벌어진 일이다. 북극의 빙하가 녹고 어떤 지역에서는 이제껏 경험한 적이 없는 폭염이, 다른 지역에서는 폭우 또는 가뭄이 발생하는 등 그야말로 하늘이 미쳤다고 표현해도 될 정도의 일이 벌어지고 있다. 그런데 이 모든 것이 인간이 좀 더 나은 삶을 영위하기 위해 발전하고 편리한 삶을 누리게 되면서 얻어진 결과이다.

기후변화 문제는 어느 날 갑자기 인식한 것이 아니라 이미 수십 년 전부터 예고되어왔고 전 인류의 문제로 인식되고 있다. 이러한 인류의 공통된 위협에 머리를 맞대기 위해 전 세계 195개국의 자원봉사자들이 기후변화에 대한 과학적·사회적·사회경제적 정보를 분석하고 평가하는 IPCC라는 기구에서 활발히 활동하고 있다.

IPCC는 기후변화에 관한 정부 간 협의체Intergovernmental Panel on Climate Change의 약자로 1988년에 세계기상기구WMO와 유엔환경계획UNEP이 공동으로 설립하였다. 이 단체에서는 과학자와 전문가 수백 명이 기후변화의 과학적 기초, 기후변화의 영향·적응 및 취약성, 기후변화 완화 등에 관한 보고서를 발간하고 있다. IPCC가 설립된 지 35년이 되었지만 2023년 6차 보고서가 완성되었을 정도로 기후변화 문제를 신중하게 다루고 있다.

2015년 12월 파리기후협약Paris Agreement에서는 기후변화 문제에 대응하려고 190여 개국이 협약하였는데 파리기후협약의 주요 목표는 온실가스 배출을 줄여 기후변화를 완화하는 것이었다. 기후협약에 서명한 국가들은 온실가스 감축목표를 설정해 이행하며 주기적으로 개선하는 데 노력할 것임을 선언하였는데, 문제는 파리기후협약 이후 전 세계 경제활동을 멈추게 만들었던 코로나19 시점을 제외하고는 온실가스가 계속 증가했다는 것이다.

그래서 유엔에서는 탄소배출을 전 지구인이 알고 참여해야 한다는 목표로 탄소배출 제로를 위한 10가지 개인행동 캠페인인 '액트 나우'ACT NOW를 시행하고 있는데 그 내용을 소개하면 다음과 같다.

① 가정에서 에너지 절감하기

가정에서 사용하는 전기와 열은 대부분 석탄, 석유, 가스로 구동된다. 난방과 냉방을 낮추고, LED 전구와 에너지 효율이 높은 전기제품으로 바꾸고, 찬물에 빨래를 하고, 빨래를 건조기 대신 널어서 말리는 등 에너지를 적게 사용하라는 것이다.

② 걷거나 자전거를 타고 먼 거리 이동은 대중교통 이용하기

세계의 도로는 대부분 디젤이나 휘발유를 태우는 차량으로 막혀 있다. 운전하는 대신 걷거나 자전거를 타면 온실가스 배출량이 줄어들고 건강과 체력에 도움이 된다.

③ 채소 더 많이 먹기

채소, 과일, 통곡물, 콩류, 견과류, 씨앗류를 더 많이 먹고 고기와 유제품을 적게 섭취하면 환경에 미치는 영향을 크게 줄일 수 있다. 식물성 식품을 생산하면 일반적으로 온실가스 배출이 적고 에너지, 토지, 물이 덜 필요하기 때문이다.

④ 장거리 여행 고려하기

비행기는 많은 양의 화석연료를 태워 상당한 온실 가스를 배출한다. 따라서 비행 횟수를 줄이는 것이 환경에 미치는 영향을 줄이는 가장 빠른 방법의 하나이다.

⑤ 음식물 쓰레기 줄이기

음식을 버리면 음식을 재배하고, 생산하고, 포장하고, 운반하는 데 사용된 자원과 에너지도 낭비하게 된다. 또 매립지에서 음식이 썩으면 강력한 온실가스인 메탄이 생성된다.

⑥ 줄이고 다시 쓰고 재활용하기

우리가 구매하는 전자제품, 의류 및 기타 품목은 원자재 추출에서 제조·상품 운송에 이르기까지 생산의 각 단계에서 탄소 배출을 유발한다. 우리의 기후를 보호하려면 물건을 덜 사고, 중고로 쇼핑하고, 가능한 한 수리하고, 재활용해야 한다.

⑦ 가정의 에너지원 바꾸기

가정 에너지가 석유, 석탄 또는 가스에서 나오는지 제조사에 문의

하고 가능하면 풍력이나 태양열과 같은 재생 가능한 자원으로 전환할 수 있는지 확인한다. 또는 지붕에 태양 전지판을 설치하여 집에서 사용할 에너지를 생성하는 것도 좋은 방법이다.

⑧ 전기차로 갈아타기

전기자동차는 대기 오염을 줄이는 데 도움이 되며 가스 또는 디젤 자동차보다 온실가스를 훨씬 적게 배출하므로 자동차를 구입할 계획이라면 전기차를 사는 것이 친환경적이다.

⑨ 가능하면 친환경 제품 구매하기

환경에 미치는 영향을 줄이려면 책임감 있게 자원을 사용하고 가스 배출과 폐기물을 줄이기 위해 노력하는 회사의 제품을 선택한다.

⑩ 스피크업(Speak up)

목소리를 높이고 다른 사람들이 행동에 동참하도록 해야 한다. 탄소제로를 실현하기 위해 가장 빠르고 효과적인 방법의 하나로 이웃, 동료, 친구, 가족과 당장 이야기해야 하고 기업의 친환경적 변화를 지지한다는 사실을 알리며 지역 및 세계 지도자들에게 지금 행동하도록 호소해야 한다.

대부분이 우리 모두가 실천적으로 할 수 있는 것들인데 필자는 이 중에서도 열 번째에 있는 스피크업이 가장 중요한 일이라고 생각해 지구 환경을 위한 커뮤니티의 힘을 모아 스피크업을 하는 캠페인 프로젝트를 진행하고 있다. 군이 챗GPT 책에 지면을 할애해서 이야기하는 이유는 챗GPT를 만나면서 내 삶이 어떻게 변하고 있는지 설명하는 것 외에 최소한 이 책을 읽는 분들에게 나는 오늘도 스피크업을 실천했다는 자부심을 갖고 싶은 마음이 들기도 하기 때문이다.

지구를 지켜야겠다는 일념으로 커뮤니티 행동 글로벌 프로젝트를 하다 보니 사업을 확대하는 데 몇 가지 어려움이 있었다.

첫 번째는 언어 장벽이었다. 웹사이트나 사업 소개자료를 영어로 번역해서 만드는 것은 문제가 없었으나 스페인어 계열 국가, 동남아, 중동, 중국, 일본 등 현지 언어로 된 자료 작성과 이메일, SNS 소통에 이르기까지 번역기를 돌려서 진행하려니 무리가 따랐다. 하지만 챗GPT의 언어능력은 다음 그림에서 보듯이 최소한 의미를 전달하고 커뮤니케이션하기에 무리가 없었다.

두 번째는 소셜 확대 부분이다. 스피크업 캠페인은 말 그대로 지구가 지금 큰일났다는 사실을 입소문 내는 프로젝트이다. 한 사람

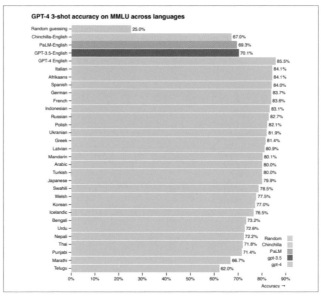

출처: OpanAI사의 GPT4 technical report

의 목소리보다 백만, 천만, 수억 명이 목소리를 내면 결국 지구가 응답할 것이라는 작은 소망이다. 그러려면 블로그, 유튜브 등을 활용해 다양한 목소리를 모으고 퍼트리는 일을 해야 하는데 이는 많은 사람이 동참하기 전까지는 물리적인 작업시간이 많이 드는 것들이었다.

물리적인 작업시간이 든다는 이야기는 돈이 많이 든다는 말과 같다. 그래서 우리가 선택한 방법은 취지가 좋은 프로젝트이니 천천히 가더라도 꾸준하게 차근차근 진정성을 가지고 가면 된다는 것이었는데 그러기에는 지구가 아파지는 속도가 너무 빨랐다.

하지만 챗GPT라는 훌륭한 도구가 생겨 큰 비용을 안 들이고도 속도를 낼 자신감이 생겼다. 지금 우리 회사 직원 전원이 챗GPT와 열애를 시작했고 다양한 콘텐츠를 매우 속도감 있게 생산하고 있다.

세 번째는 교육사업에 진출할 기회가 생겼다. 우리 회사 직원들은 하나같이 스토리텔링 전문가들이다. 비즈니스의 모델부터 글쓰기, 강연하기 등에서 항상 스토리텔링을 중심에 가지고 있다. 지구살리기 캠페인을 소셜에만 의존할 수는 없다. 함께 눈빛을 보며 마주 앉아서 지구 환경을 걱정했던 사람과 우리가 송출한 유튜브 영상만 보았던 사람이 느끼는 온도차가 있다.

우리는 기회가 된다면 최대한 많은 사람과 접촉하고 이야기 나누기를 원하는데 이 역시 물리적인 것이 항상 걸림돌이었다. 기후변화를 주제로 교육 프로그램을 개설하면 깨어 있는 일부 사람들이 참석한다. 환경과 사회적 책임, 투명한 경영활동에 해당하는 ESG를 주제로 강연을 하면 깨어 있는 사람과 ESG를 무조건 실천해야 하는 의무감이 있는 사람들이 참석한다. 그런데 챗GPT를 주제로 교육 프로그램을 개설하면 사람들이 바글바글하다.

한 가지 예로 GPT4가 적용된 챗GPT에게 생성AI와 ESG 실천을 융합한 교육 프로그램을 만들어달라고 해보았다. 답변이 나오는데 30초가량 걸렸는데 기본적인 흐름을 잡아주었다.

챗GPT와 같은 생성AI를 활용하여 ESG(Environmental, Social, Governance, 환경, 사회, 지배구조) 실천과 관련된 교육 프로그램을 만드는 것은 효과적인 방법입니다. 아래는 그러한 교육 프로그램의 개요와 핵심 요소입니다.

프로그램명: AI 기반 ESG 리더십 개발 프로그램

프로그램 개요: 이 교육 프로그램은 참가자들이 ESG 관련 이슈에 대한 인식을 높이고, 챗GPT와 같은 생성 AI를 활용하여 ESG 전략 수립 및 실행에 필요한 능력을 향상시키는 것을 목표로 합니다. 프로그램은 다음과 같은 네 가지 주요 구성요소로 이루어져 있습니다.

1. ESG 이론 및 실천
▶ 환경, 사회, 지배구조의 개념 및 이슈 소개
▶ 전 세계 ESG 관련 법규, 표준, 지침 소개
▶ ESG 관련 업계 동향 및 사례 연구 분석
2. 생성AI 기술 및 적용
▶ 챗GPT를 포함한 생성AI 기술의 원리와 발전 소개
▶ AI를 활용한 ESG 데이터 분석 및 정보 검색 방법
▶ AI 기반 ESG 리포팅, 의사결정 지원, 커뮤니케이션 등의 사례 연구
3. ESG 전략 수립 및 실행

▶ ESG 목표 설정 및 측정 지표(KPI) 도출

▶ AI를 활용한 ESG 위험 관리 및 기회 발굴

▶ ESG 프로젝트 관리, 모니터링 및 평가 방법론

4. 실습 및 적용

▶ AI 기반 ESG 문제 해결 워크숍

▶ 참가자들의 ESG 프로젝트 기획 및 실행 계획 수립

▶ 프로젝트 결과물 발표 및 피드백

프로그램의 성공적인 실행을 위해 다음과 같은 요소들을 고려해야 합니다.

▶ 전문가 강사진: ESG 및 AI 분야의 전문가들을 초청하여 교육 내용의 질을 높입니다.

▶ 실용적인 커리큘럼: 이론과 실무의 균형을 맞추어 참가자들이 실무에 적용할 수 있는 지식과 능력을 배양합니다.

▶ 다양한 참가자 구성: 다양한 배경과 경험을 가진 참가자들을 모집하여 서로 다른 관점과 아이디어를 공유하고 협업하는 기회를 제공합니다.

▶ 적절한 기간과 규모: 교육 프로그램의 기간과 규모를 적절하게 조절하여 참가자들이 집중적으로 학습할 수 있는 환경을 조성합니다.

▶ 실시간 피드백 및 평가: 강사진과 참가자들 사이이 실시간 피드백

및 평가를 통해 학습 효과를 극대화합니다.

▶ 협력 및 네트워킹: 기업, 정부, 학계, 비영리 단체 등과 협력하여 실제 ESG 관련 프로젝트를 수행하거나 정보 교환을 할 수 있는 네트워킹 기회를 제공합니다.

▶ 지속적인 업데이트: ESG와 AI 분야의 최신 동향과 연구를 지속적으로 반영하여 교육 프로그램의 내용을 개선 및 업데이트합니다.

이러한 방법을 통해 참가자들은 ESG 이슈에 대한 심층적인 이해를 바탕으로, 챗GPT와 같은 생성AI를 활용하여 ESG 전략을 수립하고 실행하는 데 필요한 기술과 능력을 배양할 수 있습니다. 이를 통해 참가자들은 기업, 정부, 학계, 비영리단체 등에서 ESG 리더로서 효과적으로 활약할 수 있는 기반을 마련하게 됩니다.

챗GPT가 답변한 내용을 수정 없이 그대로 옮겼다. 교육사업을 기획하면서 기본적인 틀을 잡는 데 의미 있는 결과였다. 이것을 시작으로 우리만이 가지고 있는 스토리텔링 기법을 보강하고 타 교육사업자와 다른 강사진을 구성해서 바로 교육사업에 착수하게 되었다. 우리는 이 교육사업으로 새로운 수익을 창출할 뿐 아니라 새로운 사람들과 소통해서 강사진 전원이 스피크업을 필수적으로 하도록 안내하면서 지구를 구하는 세상의 모든 목소리를 계속 모으고 있다.

그런데 재미있는 것은 사업을 글로벌로 확대하고 소셜 마케팅을 강화하고 새로운 사업까지 진출하는 데 새로운 직원을 채용하거나 새로운 비용을 지불하지 않고 가능했다는 것이다. 유일하게 우리가 채용한 직원은 챗GPT를 비롯한 몇 개의 생성AI에 불과하였고 소요비용은 매월 지불하는 몇만 원이 다였다. 그렇다고 기존 임직원이 야근이 많아진 것 또한 아니었다.

나에 대한 투자 확대

요즈음 사람들은 자기관리를 잘하는 편이다. 주5일제가 시행된 이래 여가시간이 많아졌고 여행과 취미활동이 다양해졌다. 특히 유튜버, 틱톡커 등 업무 외 시간에 SNS 활동 등으로 취미생활도 하고 부수입도 얻는 N잡러도 엄청 많아졌다.

『와튼 스쿨 인생 특강』에서 삶을 영위할 때 일, 가정, 공동체, 나의 균형 있는 배분을 강조했다. 여기서 '나'는 자기 몸을 건강히 하고 정신건강을 위한 취미나 휴식 등을 하는 것을 말하는데, 필자는 한마디로 나를 위한 모든 것이라 생각한다. 일은 회사를 위한 것이고 가정은 가족을 위한 것이고 공동체는 남을 위한 것이라고 보았을 때 결국 나는 나를 위한 것이다. 내 삶에서 내가 빠진 삶은 없는 것이기에 목적성을 어디 두느냐에 따라 삶의 배분이 정해진다고 본다.

내가 작곡을 정말 좋아하고 노래 부를 때 제일 행복하다고 느낀다고 해보자. 그런데 노래를 잘 부르는 배우자와 혼인했다. 내가 좋아하는 작곡을 했는데 수익도 생기고 때때로 배우자와 전 세계를 여행하며 어려운 사람들을 위해 기부 버스킹을 하는 삶을 살고 있다. 이런 나는 나를 챙기는 것이 일이자 행복한 가정생활이고 사회구성원으로 공동체에 기여하는 나=일=가정=공동체를 만든 사람이 되는 것이다.

결국 나에 대한 투자는 바로 내가 정말 좋아하는 것을 하는 것이다. 필자는 학원 선생님으로 사회생활을 시작했다. 쑥스러움을 많이 타는 성격인데도 강의나 강연을 하기 위해 연단에 서면 이상하게 물 만난 고기처럼 신이 났다. 늘 교육사업을 꿈꾸었고 기회만 된다면 연단에 서기를 원했다.

두 번째는 글쓰기를 좋아한다는 것이다. 머릿속에 늘 새로운 글쓰기 아이템이 떠올라 메모를 해둔다. 그런데 일을 매우 열심히 한다. 늘 더 잘하려 하고 성과를 내려 한다. 그러다 보니 항상 일이 최우선이었고 삶에서 일의 비중이 압도적이었다.

챗GPT는 나에게 책을 선물했다. 그리고 연단에 자주 서는 기회 또한 만들어주었다. 일이 많아졌는데 동시에 시간도 많아졌다. 나에 대한 투자로 나는 책을 더 많이 쓰고 내 생각을 많은 사람에게 설파하는 강연과 함께 유튜버 활동도 해볼 계획이다.

나에 대한 세 번째 투자로 예술가에 도전해보고자 한다. 물론 생성AI를 활용하는 미디어아트 작가가 되어보는 것이지만 매우 흥미로울 것 같다. 내가 좋아하는 일을 하는 것이야말로 진정한 나에 대한 투자라고 생각한다. 내가 좋아하는 것을 했는데 수익이 따라온다면 그거야말로 진정한 N잡러가 아닐까?

나 배신하면 안 돼

....

잠깐 흥분한 것 같다. 꼭 챗GPT 예찬론자가 되어버린 느낌이다. 냉정함을 되찾기 위해 챗GPT를 사용할 때 간과하면 안 되는 부분을 다시 정리해본다.

맹신은 금물

챗GPT는 대규모 언어학습 모델이다. 계속 이야기했지만 챗GPT는 정말로 이해해서 답변하는 것이 아니라 자기가 학습했던 수많은 데이터 중에서 확률적으로 가장 적합한 글을 출력하는 것이다. 다시 말해 글 지어내기 선수라는 것이다. 챗GPT가 지어낸 글 중 내가 정확히 알지 못하는 분야인 경우가 많기 때문에 그 글이 멋져 보이는 것이다. 다만 엄청나게 많은 양의 데이터를 학습했고 지금도 계속 학습하고 있기 때문에 그 정확성이 점점 더 높아지는 것이다.

어떤 용도로 챗GPT를 활용하느냐에 따라 다르겠지만 적어도 당분간은 챗GPT가 답변한 것을 다른 검색으로 충분히 확인하는 습관을 들여야 한다. 오히려 창의적인 글은 따로 검증이 필요 없겠지만 과거의 사실이거나 학술적인 근거가 명확한 정보를 바탕으로 한 답변은 반드시 재차 검증해야 한다. 챗GPT가 답변하면서 제시했던 참조논문과 근거목록이 전혀 존재하지 않는 것이었던 사례가 있음을 명심해야 한다.

천하 제패의 꿈

최근 몇 개월 동안 있었던 OpenAI 사의 움직임을 보면 무섭다고 표현해야 할 정도로 움직임이 강하다. 챗GPT가 공개되고 5일 만에 100만 사용자가 가입하는 등 센세이션을 일으키더니 마이크로소프트 오피스 365와 융합, GPT4 업그레이드에 이르기까지 그 성장속도가 대단하다.

하지만 챗GPT는 몇 가지 한계가 존재했다. 챗GPT가 학습한 데이터가 2021년 9월까지이기 때문에 최신 정보에 대해 답변할 수 없었고 맛집 검색을 하더라도 예약하려면 별도로 다른 예약사이트에 가서 해야만 했다. 이용자가 느끼는 불편함을 개발사가 몰랐을리 없다. OpenAI사는 결국 큰 그림을 오픈하였는데 그건 바로 챗GPT 플러그인ChatGPT plugins이다.

챗GPT 플러그인은 아이폰의 앱스토어나 안드로이드 플레이스토어과 같은 개념이다. 스마트폰이 강력하고 대중화가 된 가장 큰 이유는 스토어를 통해 스마트폰에서 작동할 수 있는 다양한 응용 프로그램이 탑재되었기 때문이다. 챗GPT 플러그인은 챗GPT가 할 수 없는 부족한 부분을 가지고 있는 다른 회사와 연계하면서 막강해지기 시작했다. 챗GPT에서 제공하는 API는 다른 회사의 서비스에 챗GPT 기능이 탑재되는 방식이나 플러그인은 반대로 챗GPT에 다른 회사의 서비스가 탑재되는 것이다.

예를 들어 한 끼 밥상에 탄소배출량을 계산해주는 사이트인 한국일보의 '한끼밥상 탄소계산기'가 플러그인으로 들어가고 음식의 칼로리를 세세하게 계산해주는 칼로리 계산기를 운영 중인 Calculator.net이 플러그인으로 탑재되고 마켓컬리가 플러그인으로 탑재되었다고 가정해보자. 챗GPT에게 다음과 같이 명령을 내린다.

나는 내일 아침에 우렁된장찌개와 소세지채소볶음을 먹을 거야. 레시피를 알려주고 내 식단의 칼로리와 탄소배출량 계산 부탁해 그리고 마켓컬리에 주문 부탁해.

챗GPT는 칼로리와 탄소배출량 계산이 정확하지 않을 수도 있다고 선을 그으면서도 답변하긴 한다. 그런데 플러그인이 연결되어 있으면 해당 플러그인에서 제공하는 데이터를 활용해서 좀 더 정확한 답변을 제공한다. 무엇보다도 챗GPT의 답변이 완료된 후 마켓컬리에 로그인을 해보면 내 장바구니에 해당 재료가 모두 담겨 있다. 나는 마켓컬리에서 재료를 검색할 필요 없이 결제만 하면 바로 주문을 완료할 수 있다.

챗GPT가 주문까지 완료하게 하는 것은 심각한 고려사항이 있다. 내 개인정보를 인공지능에게 맡길 것이냐에 관한 것이다. 세상의 모든 정보를 집어삼키고 있는 인공지능이 아무리 암호화되어 마켓컬리로 전달하는 역할만 한다고 하더라도 고객이 느끼는 걱정을 덜기는 어렵다. 또한 챗GPT가 그러한 관리적 위험 부담을 안고 서비스를 하지 않을 것으로 예상된다.

챗GPT의 플러그인은 아직 시작에 불과하지만 세상 생태계를 복잡하게 만드는 신호탄이 될 수 있다. 플레이스토어에는 온라인 쇼핑을 위한 다양한 앱이 있다. 이용자는 자기가 선호하는 앱을 선택해서 사용하면 된다. 챗GPT 플러그인 역시 이용자가 "마켓컬리에 주문해줘." "쿠팡에 주문해줘." 이런 식으로 필요한 앱을 선택해서 요청할 수 있다.

그런데 마켓을 지정하지 않고 요청했을 때는 어떻게 될까? 챗GPT가 마켓을 열거한 후 선택하라고 할 것이다. 물론 플러그인이 탑재된 것에 한해서만 나올 것이다. 온라인 마켓은 다양하고 매우 많을 텐데 페이지를 넘겨서 나온 마켓을 고객이 선택할 가능성은 얼마나 될까? 챗GPT 플러그인 기능을 적용하지 못하는 기업은 어떻게 될까?

필자가 너무 과하게 생각하는 것일 수도 있는데 플러그인 기능이 제공된 기업과 그렇지 않은 기업은 시간이 지나면 챗GPT 노출 빈도에서 차이가 날 것이다. 대부분 기업에서 플러그인 기능을 제공한다면 그다음에는 유명한 기업과 그렇지 않은 기업의 노출 빈도에서 차이가 날 것이다.

쇼핑을 기준으로 검색한다면 질문자 대부분은 평이하지 않은 요청을 할 가능성이 높다. 맛집을 검색해서 사진, 위치, 평점, 고객들의 반응을 모두 살피면서 찾았던 패턴에서 챗GPT가 소개해준 맛집을 예약하게 된다면 챗GPT가 알려주지 않는 허름한 진짜 맛집은 그저 입소문으로만 영업해야 할지도 모른다.

세상이 점점 양분될 것 같은 느낌을 나는 지울 수 없다. 챗GPT를 활용하는 기업과 그렇지 않은 기업, 챗GPT 플러그인이 제공되는 기업과 그렇지 않은 기업, 챗GPT의 답변에 노출되는 기업과 그렇지 않은 기업. 살짝 무서운 기분이 들지 않는가?

언제 배신할지 몰라

챗GPT가 지능을 가지고 있을까? 당연히 아니다. 하지만 지능을 가지고 있는 것처럼 행동할 수 있다. 아니 적어도 우리가 챗GPT는 지능을 가지고 있다고 어느 순간 착각할 수 있다. 더군다나 인간에 의한 강화학습으로 사람과 대화하고 있다고 착각할 정도의 말투에 우리는 쉽게 빠져들 수 있다.

챗GPT가 내 업무를 혁신하고 내 삶을 확장하게 만들어준 것은 인정하지만 이건 내가 그렇게 활용하겠다고 마음을 먹었기 때문이다. 챗GPT가 어떤 것인지 처음부터 잘 알고 있는 것과 그렇지 않은 것의 차이가 있으니 독자들께서는 이 사실을 기억했으면 한다.

챗GPT는 처음부터 "이런 것만 답변해" 하는 방식으로 만들어진 것이 아니라 뭐든지 답변 가능하게 만들어놓고 "이런 답변은 하지 마" 하는 구조로 만들어져 있다. 다시 말해 민감하고 불편한 답변을 요구하는 질문에 답변을 하지 않도록 설계되어 있는데 그 민감하고 불편한 것에 대한 명확한 기준을 숫자로 정의할 수는 없다. 챗GPT는 대화형 인공지능이다. 이용자랑 대화하는 도중에도 대화 내용을 학습해서 이용자에게 필요한 답변을 내고자 최선을 다한다. 계속 강조해서 이야기하지만 이해해서 하는 답변이 아니라 확률적으로 최선의 답을 하는 것이다.

그렇다면 답변을 거부하는 경우도 마찬가지다. 질문한 문장이 답변을 거부해야 하는 규칙에 확률적으로 높게 부합되면 답변을 거부하는 것이다. 그렇다면 답변을 내놓아야 하는지 거부해야 하는지 확률적으로 애매한 유도질문을 하면 챗GPT는 실수할 수 있다. 우리는 알파고와 이세돌의 바둑에서 예측하기 어려운 이세돌의 한 수(78수)로 알파고가 의외의 반응을 했던 것을 목격했듯이 챗GPT 또한 충분히 이런 일이 일어날 수 있다. 이러한 답변만 유도하는 챗GPT 해킹인 탈옥 시도 또한 증가할 것이다.

내 정보는 내가 지켜야

지금은 챗GPT가 나와 나눈 대화는 나에게만 보이도록 설정되어 있다. 내 자기소개서를 챗GPT를 이용해 만들기 위해서 내가 살아왔던 삶, 나의 가치관, 나의 특징 등을 학습시킨 후 멋있는 글로 자기소개서를 만들어달라고 하면 나에게 딱 맞는 글이 만들어진다.

그런데 나와 나눈 이야기를 누군가가 볼 수 있진 않을까 생각해본 적이 있는데, 3월 22일 챗GPT 일부 사용자의 대화 제목이 다른 사용자에게 유출되는 사고가 발생했고 OpenAI의 CEO 샘 알트먼은 이를 공식적으로 사과하고 오류를 즉각 수정했다. 비록 사용자의 대화 내용이 아니라 제목이 유출된 사고였기는 하지만 챗GPT의 개인정보 관리의 안정성을 의심하기에는 충분하였다.

우리가 알아야 할 중요한 내용이 하나 있다. 챗GPT 운영자인 OpenAI는 우리의 대화 내용을 볼 수 있는 관리자라는 사실을 잊어버려서는 안 된다. 아무리 내부 관리체계를 철저히 해도 결국 정보유출 사고 상당부분이 내부 직원의 짓임을 우리는 알아야 한다.

기업도 마찬가지다. 기업에서 업무를 위해 단순한 작업을 챗GPT에게 의뢰하기도 하겠지만 기업의 재무분석, 핵심전략분석 등 효율과 편리성만을 위해 챗GPT를 활용하는 것에는 주의가 필요하다. 만약 고객의 불만사례를 해결하기 위해 챗GPT를 이용했는데 고객 이름부터 불만사례 등이 의도치 않게 타사 또는 일반인에게 노출되어 기업 이미지 실추를 만들어냈다면 과연 누구를 탓할 것인가?

완벽하게 개인정보보호가 되는 개인화된 챗GPT 서비스가 출시되기 전까지는 개인정보나 민감한 기업정보를 챗GPT에게 입력하는 것은 반드시 경계해야 한다. 챗GPT는 유추능력이 뛰어나 내가 모르는 사이에 내 정보를 조합해서 내가 누구이고 어디 살고 가족관계는 어떻게 되고 주로 쓰는 신용카드번호는 무엇인지 알아내게 될지도 모른다.

탄소를 뿜어대는 챗GPT

챗GPT가 언제 나를 배신할지, 언제 내 개인정보가 유출되는 사고가 발생할지, 더 심하게는 챗GPT 같은 인공지능이 언제 인류를 넘어 거꾸로 지휘자 역할을 하게 될지 걱정이 되긴 한다. 정말 잘 만들어진 인공지능에게 인류가 크게 위협받는 상황이 올까 봐 두렵다.

그런데 무서운 것이 또 하나 있다. 바로 챗GPT가 지구 온난화를 더욱 가속화할 수 있다는 것이다.

온실가스 배출량은 세 가지 범위Scope로 나뉘는데 Scope 1은 보일러 혹은 차량 가동 등 기업에서 직접적으로 발생하는 온실가스를 말한다. Scope 2는 건물 냉난방을 위해 구매한 전기 및 에너지 생산과정에서 발생한 온실가스를 말한다. Scope 1과 Scope 2는 기업에서 통제 가능한 범위라고 보며 Scope 1과 2 모두 기업은 온실가스 배출량 보고를 의무적으로 해야 한다. 마지막으로 Scope 3은 좀 복잡하다. 기업 자체를 넘어서 전/후방 가치사슬의 모든 면에서 배출량에 대한 간접적 책임을 져야 하는 것이다. 기업은 온실가스 배출량을 통제하고자 노력해야 하며 이를 통제하지 않으면 금융기관의 대출이 어렵게 될 수도 있다.

챗GPT는 인공지능 학습과 데이터 처리를 위해 대규모 컴퓨터 자원을 이용한다. 컴퓨터를 사용하는 과정에서 발생하는 온실가스는 Scope 1이다. 그런데 컴퓨터를 구동하고 냉난방을 유지하기 위해 사용하는 전기는 Scope 2이다. 만약 전기를 생산하는 과정에서 석탄 화력발전을 이용하였다면 신재생에너지를 이용해서 전기를 생산하는 것보다 훨씬 더 많은 탄소배출에 대한 부담을 챗GPT 개발사는 져야 한다.

아직까지는 전 세계적으로 전기 및 에너지 생산 대부분이 석탄이나 가스를 이용하므로 Scope 2는 개발사 혼자 해결할 수 있는 문제가 아니다. 챗GPT의 알고리즘 업그레이드도 더 많은 매개변수 사용과 더 많은 학습, 정교화된 처리를 위해 더 많은 컴퓨팅 자원이 필요한데, 이는 결국 더 많은 탄소배출을 할 수밖에 없다는 이야기다. 게다가 인공지능 생성AI의 경쟁 가속화에 따라 구글뿐 아니라 메타, 바이두 그리고 한국의 SKT, 네이버, 카카오 등이 협력해서 온실가스를 더 많이 뿜어댈 수 있다는 사실을 알아야 한다.

UN의 ACT NOW 캠페인 아홉 번째 내용이 '탄소배출을 줄이기 위해 노력하는 기업의 제품을 구매하라'는 것이듯이 생성AI의 성능이 유사하다면 탄소배출이 별로 없는 에너지원으로 전기를 생산하여 공급하는 기업의 전기를 쓰는 인공지능 기업의 서비스를 이용하려고 노력해야 한다. 인공지능 발전이 반갑기도 하고 두렵기도 하고 무섭기도 한 복잡한 심경이 들 수밖에 없다.

나는 이렇게 생각해!

챗GPT와 함께한 여정

"난 뭘 해야 하지?"

아들의 질문에 답을 찾으려고 지금까지 챗GPT와 함께한 여정을 이제 정리해야겠다. 충분히 예상했던 일이 점점 현실로 다가오고 있음을 느낀다. 챗GPT가 등장한 순간 '아! 이미 특이점을 넘어버렸구나'라고 느꼈던 것은 결국 그대로 되었다. 하루가 다르게 챗GPT라는 강력한 바이러스가 전 세계를 강타하고 있고, 빅테크 기업들은 인공지능에 대한 무한경쟁 체제에 돌입했다.

지금은 특이점을 넘어가는 순간이라 너도나도 경쟁적으로 새로운 기능을 발표하는데, 앞으로도 인공지능이 연계되지 않은 서비스는 없지 않을까 하는 기대감과 두려움이 동시에 생긴다. 필자가 챗GPT와 함께한 여정은 사실 시작에 불과하다. 인공지능은 지금보다 더 발전할 테고 성능은 점점 더 좋아질 수밖에 없다. 지금 내가 발견해서 아들에게 설명해준 내용도 인공지능이 언제 다시 업그레이드할지 모른다.

이 책을 집필하는 순간부터 나는 아들에게 해줄 답을 이미 정해놓지 않았을까 하는 생각도 든다. 인공지능은 도구에 불과하고 인간만이 가지고 있는 감성과 창의성, 독창성 등은 따라올 수 없으니 안심하라는 것이다. 하지만 주입식으로 말하면 쉽게 받아들이기 어려울 테니 내가 먼저 챗GPT를 체험하고 아이도 직접 경험하면서 스스로 느끼게 한 다음 아이가 챗GPT라는 괜찮은 도구가 옆에 있는 것을 알게 하고자 했다. 그 과정에서 나와 아들이 느끼고 받아들이는 것에 온도차가 발생했다.

솔직히 나는 챗GPT의 등장에 눈이 번쩍 뜨였다. 내가 현재 하는 일에 활용할 것들이 많아서 업무효율을 분명히 높여줄 테니 그야말로 대환영이다. 또한 효율성이 높아진 만큼 늘어난 여유 시간을 활용해 그동안 꿈꾸었던 다른 일들을 해볼 기회도 생겼다.

물론 제율이도 챗GPT를 활용해 자료를 만들어보고 다른 생성AI 도구를 이용해 그림도 그려보면서 흥미를 유발하는 것까지는 성공했고, 여전히 코딩학원을 열심히 다니며 틈나는 대로 웹소설 연재도 하고 있다. 다행이다 싶어서 GPT4가 등장했을 때 제율이에게 새로운 기능을 체험해보라고 소개했는데, 아들은 또다시 요즘 학교에 챗GPT 때문에 정체성에 혼란을 겪는 친구들이 많아졌다며 고민을 토로하였다.

나는 사회생활을 하다 보니 만나는 사람들 대부분이 챗GPT의 단점 내지 윤리적 문제를 말하기보다는 챗GPT를 회사의 다양한 부분에 적극적으로 도입할 예정이라거나 생성AI를 연계한 새로운 서비스 출시를 앞두고 있다는 등 희망차고 긍정적인 이야기를 주로 한다. 하지만 어른들 생각만큼 청소년들도 같은 생각을 하는 것이 아닐 수도 있음을 알아야 한다. 물론 제율이가 그런 쪽에 관심이 많아서 그렇게 생각했을 수도 있지만 상식적으로도 아이들 관점은 다를 수 있다.

청소년은 스스로 판단하고 스스로 책임져야 하는 나이가 아니며 법적으로 보호자가 있다. 청소년은 현재 모습과 학업 성취, 관심을 갖고 집중하는 취미 등 무엇이든 할 수 있고 무엇이든 될 수 있는 잠재력이 있다. 하지만 이 과정에서 어떤 환경에서 어떻게 자라느냐가 분명 영향을 미친다. 어제 제율이가 의미심장한 말을 했다.

"아빠! 우리는 낀 세대야. 굉장히 혼란을 겪고 있는 세대라고. 아빠는 아날로그 시대에 청소년기를 보내고 디지털을 만났다고 하는데 나는 태어날 때부터 디지털 시대였고 어른이 되기 전에 인공지능 시대로 넘어가는 낀 세대야. 아날로그에서 디지털로 넘어간 것은 그동안 불편했던 삶이 편해지는 효과가 있었으니 아빠는 그 것을 누릴 수 있었겠지만 나는 달라. 태어날 때부터 스마트폰을 끼고 살았으니 아날로그 시대에는 어땠는지 잘 몰라. 그냥 디지털 세상이 당연한 시대에 살고 있는 거지.

그런데 인공지능 세상은 그냥 삶이 편해지는 것을 넘어서는 것 같아. 〈터미네이터〉에서 스카이넷의 지배에서 벗어나기 위해 싸우는 것처럼 인류가 인공지능과 싸우는 상황이 올 것 같은 두려움이 솔직히 있어. 챗GPT 덕분에 나도 못하던 그림도 그리고, 내가 하는 학업에 도움도 받고 훌륭한 코딩 선생님이 옆에 생긴 것 같아서 좋아. 하지만 솔직히 말하면 난 인류가 인공지능의 발전을 여기서 멈춰야 한다고 생각해. 이건 나만의 생각이 아니고 친구들도 같은 이야기를 해."

내가 알고 있는 중학생이 아니었다. 내가 알고 있는 중학생의 사고와 감성은 사실 내가 지나온 중학교 시절에 대한 투영밖에 없다. "라떼는 말이야~!" 유명한 꼰대성 말투이긴 하지만 현실이 그렇다. 중학생들이 학교에서 친구들과 어떤 대화를 하는지 우리가 정확히 알기는 어렵다. 심지어 내 주변에는 청소년기 자녀들과 대화할 시간이 별로 없는 사람들투성이다.

딸아이가 고등학교 다닐 때 전교생이 10시까지 야간자율학습을 했는데 학교가 집 근처에 있어 자주 걸어서 데리러 갔었다. 학교

앞에 가면 수많은 자가용이 줄지어 있었지만 나는 딸과 함께 두런 두런 이야기하며 걸어서 집에 오곤 했다. 그런데 나중에 딸이 친구 들이 한 말이라며 황당한 이야기를 해주었다.

"넌 아빠하고 말도 하냐?"

내가 잘했다는 이야기도, 요즘 어른들이 문제가 있다는 이야기 도, 요즘 학생들이 원래 그렇다는 이야기도 아니다.

다 그런 것은 아니지만 요즘 청소년은 책을 많이 읽지 않는다고 한다. 매일같이 신간이 그 어느 때보다도 많이 출간되고 있지만 정 작 청소년은 책을 많이 읽지 않는다. 더 정확히 이야기하면 책 읽 을 시간이 별로 없다. 학교 수업 외에 학원에 가야 하고 엄청난 양 의 학원 숙제를 감당해야 하고 친구들과 소셜로 소통해야 하고 남 는 시간이 있으면 유튜브를 봐야 하기 때문이다. 다시 말해 가족과 대화할 시간은 더욱 없다는 것이다. 고급 음식점에서 청소년 자녀 둘과 부모가 모두 각각 휴대전화를 들여다보며 음식이 나오기를 기다리는 광경을 심심찮게 목격한다.

그 어느 때보다 지금 아이들과 대화가 필요한 시점이다. 제율이 는 태어날 때부터 디지털이었지만 지금부터 태어나는 아이들은 세 상에 나오는 순간부터 인공지능 시대이다. 그들은 크게 걱정하지 않아도 된다. 그들은 나나 제율이와는 분명 다른 삶의 패턴 속에서 살아갈 것이다.

지금부터 앞으로 10년, 차세대 주역이 될 현재 초등학생부터 대학생인 아이들과 지금 하는 대화가 매우 중요하다. 아이들과 대화하지 않으면 대부분 아이들은 챗GPT와 주로 대화할 것이다. 자신의 정체성이 흔들리고 있다는 것을 알면서도 챗GPT를 이용할 수밖에 없을 것이다.

인터넷 검색엔진, 자주 쓰는 카카오톡, 문서작성을 도와주는 오피스, 온라인을 통한 수학·영어·국어 학습, 친구들과 맛집 찾아가기 등 우리가 스마트폰이나 컴퓨터로 하는 대부분 영역에서 인공지능 엔진이 연동될 것이다. 거부하고 싶어도 다가올 테고 어느 순간 인공지능 없이는 도저히 삶이 불편하다고 느끼게 될 것이다.

점점 아이들이 하루 중 제일 대화를 많이 하는 상대가 챗GPT가 될지도 모른다. 어른들이 명심해야 할 것은 잘못하면 챗GPT에게 아빠 자리를 빼앗길 수도 있다는 사실이다.

아빠가 들려주는 이야기

챗GPT는 스마트폰 같은 거야

　　"제율, 아빠가 챗GPT와 며칠 이야기
해보고 세상 돌아가는 상황을 살펴보았는데 챗GPT 때문에 길을
잃을 것 같지는 않다. 챗GPT는 인간의 삶을 편하게 해주는 도구
일 뿐이지. 아빠는 어릴 적 스마트폰 같은 것이 전혀 없는 아날로
그 시대를 살았지만 너는 태어날 때부터 유튜브가 네 선생님이었
고 스마트폰은 네 몸의 일부였다. 중요한 것은 인간은 도구를 사용
하는 동물인데 도구를 얼마나 잘 활용하는지는 사람마다 다르다
는 거지.

스마트폰이 처음 등장했을 때 전화기와 사진기가 결합되어 있는 것 자체가 매우 충격적인 일이었다. 지금은 스마트폰 하나면 친구들과 대화하고, 음악을 듣고, 사진을 찍고, 영상을 편집하고, 편의점 가서 라면을 사 먹고, 버스를 탈 때나 모르는 길에 있어도 훌륭하게 길 안내를 해준다. 게다가 네가 좋아하는 웹소설도 어디서든 쓸 수 있다.

이렇게 많은 것을 도와줄 수 있는 스마트폰을 가지고 다니지만 모든 사람이 그 기능을 다 잘 활용하는 것은 아니다. 어떤 사람은 여전히 전화통화와 문자메시지만 한다. 스마트폰에 신용카드를 넣어둘 수 있는데 그걸 할 줄 몰라서 신용카드를 따로 들고 다니는 사람들이 아직도 많다. 중요한 건 만능이라 할 수 있는 스마트폰도 그걸 쓰는 사람이 잘 활용해야 그 가치가 더욱 의미 있게 된다는 거지.

하나 물어볼게. 네가 초등학교 1학년 때 스마트폰 갖고 싶다고 졸랐던 일 기억나지? 그때 너는 스마트폰으로 주로 뭘 했지?"

"그때 사진 많이 찍었지. 유튜브도 많이 보고. 게임도 하고. 그게 다였던 것 같은데."

"그게 다 기억이 나?"

"그때 찍은 사진이 있어서 기억이 나더라고."

"지금은 어때?"

"지금도 유튜브를 많이 보긴 하지만 나도 유튜버로 쇼츠 영상을 만들지. 학원 갈 때 버스도 타고, 편의점 가서 간식도 사 먹고."

"바로 그거야. 중학교 3학년이 되니까 네가 필요로 하는 게 달라졌고 거기에 스마트폰 기술이 발전하면서 기능도 다양해져 활용성이 달라진 거지. 그럼 다시 물어볼게. 이렇게 막강하게 너를 도와주는 스마트폰이 두렵니?"

"아니!"

"그러면 스마트폰을 못 쓰게 된다면?"

"그건 좀 두렵네!"

"아빠가 하고 싶은 말이 바로 그거야. 네가 1학년 때 사용하던 아리아, 기가지니 하던 것이 챗GPT로 업그레이드되어 네 앞에 나타난 거야. 기가지니에게 텔레비전 켜달라고, JTBC 틀어달라고 편하게 이야기했잖아. 그런 식으로 챗GPT에게 네가 필요한 걸 그냥 물어보면 되는 거야. 아마 몇 년만 지나면 또다시 똑같은 이야기를 할걸? 챗GPT가 나타난 게 두려운 것이 아니고 챗GPT가 없어질까 봐 두렵다고."

나만의 자비스가 생긴 거야

아이와 영화를 자주 보러 다녔다. 결혼해서 바로 얻은 딸과는 함께 여행을 많이 다녔는데 뒤늦게 얻은 아들과는 바쁘다는 핑계로 여행을 별로 다니지 못했고, 늦은 시각 뭔가 함께해야 한다는 생각에 걸핏하면 "영화 보러 갈까?"를 외치곤 했다. 나도 SF 영화를 좋아해서 마블시리즈 영화는 한 편도 빠짐없이 다 보았다. 마블시리즈 중 가장 기억에 남는 영화는 아이언맨이 마지막으로 등장했던 〈엔드 게임〉이다. 아이언맨을 1편부터 다 보았는데 아이언맨이 진화하는 모습에 늘 부러웠던 것은 바로 '자비스'라는 존재였다. 진심으로 자비스를 가지고 싶다는 생각을 하곤 했다. 그런데 챗GPT의 등장으로 자비스를 갖게 되는 순간을 볼 수 있을 것 같은 확신이 들었다.

나는 내 삶을 도와주는 인공지능 어시스턴트에게 바라는 것이 있다. 사회생활이 다양해지면서 만나는 사람도 많아지고 전화통화나 카카오톡, 이메일 등으로 소통할 일도 많아지고 문서를 만들어야 하는 일도 엄청 많아졌다. 모든 일이 굴러가는 규칙은 기본적으로 주고받기에 있다. 기브앤테이크 Give & Take 를 말하는 것이 아니라 일의 프로세스를 말한다.

나는 하루에 수십 명과 전화통화를 하고, 10여 곳 이상에 이메일을 보내고, 수십 개 그룹채팅방에서 소통하며 최소 두 번 이상 사람들과 만나 식사하거나 업무협의를 한다. 이렇게 사람들과 소통하며 보내는 시간 이외에 내가 필요한 분야의 정보를 검색하고 업무에 필요한 문서를 만들고 하루 한 끼는 꼭 맛있는 식사를 한다. 마지막으로 잠들기 전에 내가 좋아하는 드라마나 영화 한 편을 보거나 책을 읽는다.

다시 말해 수많은 사람과 다양한 방식으로 소통하면서 업무 진행사항을 체크하거나 업무 진행에 대한 새로운 약속을 하고 사람들과 교감하려고 수다를 떠는 것이다. 대화를 하다 보면 업무 이야기만 하는 것이 아니라 서로 취향을 말하기도 하고 가족사를 말하기도 하고 정치·사회는 물론 좋아하는 연예인에 이르기까지 다양한 주제로 대화를 나눈다. 매우 중요한 사항은 기록하지만 대부분 대화로 흘러 지나간다. 많은 사람과 매일 이러한 일이 일어나다 보니 세세한 것까지 기억하기가 쉽지 않다.

그래서 내가 원하는 어시스턴트는 나의 하루와 관련되는 내 인공지능 비서이다. 내가 일어나서 잠들기 전까지 하루 종일 나의 인공지능 비서가 내 모든 생활을 모니터링한다. 사람들을 만나 대화하는 것부터 통화하는 것, SNS로 소통하는 것에서 컴퓨터로 하는 모든 작업을 인공지능이 모니터링한다. 한마디로 내 생활을 학습하는 것이다. 나에 대한 학습이 충분히 되고 난 후 본격적으로 나의 비서이자 동시에 조언자가 된다. 지금 시각 내가 무엇을 해야 하는지, 내일 점심약속을 누구와 했는지, 누구에게 이메일을 무슨 내용으로 보내야 하는지 내 비서가 다 알려준다.

각종 회의를 마치고 회의록을 작성할 필요가 없다. 이미 내 비서가 요약했고, 내가 알아야 할 내용을 내 틈나는 시간을 파악하여 옆에서 알려준다. 회의에서 약속한 스케줄은 모두 비서가 필요한 예약 등을 해두었다. 내일 만나는 사람과의 점심약속에서 무엇을 먹을지 고민할 필요가 없다. 내 비서가 상대방 취향을 이미 알고 있고 내가 며칠 동안 먹은 것을 고려해 음식을 추천해주니 난 그냥 가기만 하면 된다. 나는 내가 해야 할 것만 집중하면 되고 나머지는 비서가 모두 다 챙긴다. 잠자러 가기 전 내 취향을 아는 비서는 내가 딱 좋아할 만한 드라마를 추천한다.

사실 기술적으로는 위 내용 중 불가능한 것이 하나도 없다. 챗GPT를 활용한 개인화된 서비스를 설계한다면 금방 서비스가 나올 수도 있다. 하지만 기술적인 것 외에도 해결해야 하는 것들이 있다.

가장 중요한 것은 개인정보보호 이슈이다. 이 서비스는 챗GPT가 공통적으로 제공하는 데이터세트 이외의 모든 데이터는 사생활 영역에 속한다. 데이터 소유자는 이 세상에 오로지 나 하나뿐이다. 따라서 개인화된 데이터를 안전하게 보관할 저장공간이 필요하다.

두 번째는 나를 하루 종일 모니터링할 수 있도록 챗GPT를 기술적으로 연동해야 한다. API가 공개되어 있으므로 스마트폰이나 PC 등과 연동하는 것은 어렵지 않다. 문제는 하루 종일 모니터링할 배터리 기술이다. 스마트워치로 나의 하루를 모니터링하게 할 수 있지만 그러려면 스마트워치가 하루 종일 작동하는 데에 문제가 없어야 한다. 어쨌든 배터리 기술 또한 발전하고 있으므로 이 문제도 큰 이슈가 아니라고 본다.

마지막으로 해결하기 어려운 부분은 바로 도청이다. 분명 이 서비스는 나 한 사람, 개인만을 위한 서비스이다. 다른 사람이 들을 이유가 없다. 하지만 내가 다른 누군가와 통화하고, 여러 명이 회의하고 잡담하고 한 모든 내용을 어쨌든 녹음해야 하기에 원치 않는 상대방 목소리 등이 기록될 수 있다. 즉, 이 문제는 법적인 검토사항이 필요할 수 있다.

내가 생각하는 자비스에 대해 제율이랑 이야기를 나누어보았다.

"제율아, 이거 한번 읽어볼래?"

"잉? 아빠는 진짜 이런 하루가 온다고 생각하는 거야?"

"아빠도 이랬으면 좋겠다고 재미있는 상상을 했는데 비즈니스 영역에서는 이미 이런 것이 현실이 되고 있어. 개인화된 서비스는 너는 무조건 이런 혜택을 경험할 것 같고 기술발전 속도가 너무 빠르니 아빠도 일부 혜택을 보게 될 것 같아. 챗GPT와 관계없이 지금 네가 어디를 찾아가고 싶을 때 스마트폰을 어떻게 활용하지?"

"네이버지도 앱 열고 길찾기를 하지!"

"그러면 걸어야 하는 길, 버스와 지하철을 갈아타는 것 말고도 지금 버스가 어디쯤 오는지 상세히 알 수 있고 도착지까지 시간이 얼마나 걸리는지 나오잖아. 이것은 우리에게 편리함은 물론 예측 가능한 삶을 살게 해주었을 뿐 아니라 시간을 효율적으로 쓰도록 해준 것이 더욱 의미 있다고 생각해. 예측가능한 삶은 매우 중요해. 우리가 살면서 많은 목표를 정하잖아. 어떤 사람이 되겠다거나 어떻게 살아야겠다는 멀리 있는 목표부터 어디를 놀러 가야겠다, 무엇을 가지고 싶다는 작은 것에 이르기까지 끊임없이 작고 큰 목표를 정하지. 목표를 명확하게 정하면 현재 내가 무엇을 해야 할지 알수 있거든."

내가 너무 아들을 내 논리로 끌고 오는 것은 아닌가 하는 꼰대 감지기가 작동해서 잠시 생각에 잠겼고 대화를 좀 더 이어갔다.

좋은 도구가 생겼는데 뭘 하고 싶어?

초등학교 1학년 때부터 3학년 때까지 제율이의 장래 희망은 한결같았다. "커서 뭐가 되고 싶어?"라는 질문에 거의 변함없이 과학자였다. 그 이유는 알 수 없다. 난 수학과 과학을 좋아하긴 했지만 과학 분야에서 일하는 것도 아니었다. 아마도 어렸을 적에 읽었던 과학 전집의 영향일 것이라고 생각했다.

초등학교 4학년 때 꿈이 바뀌었다. 유튜버가 되고 싶다고 했다. 흔쾌히 동의했지만 사실 내게는 다른 생각이 있었다. 한창 크고 있으까 무엇을 하든 배움이 있었으면 하는 바람이 있었고 또한 스스로 원하는 무엇인가를 했으면 했다. 그래서 유튜버를 하려면 콘텐츠 기획, 촬영, 편집 등을 모두 스스로 해야 한다고 규칙을 정했다. 그러면서 내 사심을 살짝 녹였다. 유튜브 채널 이름을 아빠와의 재미있는 추억을 콘텐츠로 담는 의미에서 '아빠와 아들'이라고 하면 어떠냐고 했고 아들은 흔쾌히 수락을 했다.

그 후 첫 번째 콘텐츠로 수학 공부하는 영상을 찍자고 했다. 약수와 배수, 약분과 통분 등 몇 번에 걸쳐서 영상을 찍어 채널에 올렸다. 영상을 찍고 편집하는 과정에서 반복학습이 될 것이라는 내 얄팍한 꼼수였다. 그러면 그렇지 그게 오래갈 리 없었다. 나의 꼼수는 곧 들통이 났고 결국 아들이 좋아하는 콘텐츠로 바뀌게 되었다. 바로 먹방이었다.

중학교에 진학하면서 유튜브 활동은 시들해졌고 머리가 커지면서 꿈이 달라지기 시작했다. 그런데 문제는 세상만사에 관심을 가지다 보니 작곡도 하고 웹소설도 쓰고 코딩도 배우고 원하는 것은 무엇이든 한다는 것이다.

오래간만에 아들과 장래 희망에 대해 대화를 나누었다.

"요즘은 어때? 커서 무슨 일 하고 싶어?"

"일단 지금 배우는 코딩을 열심히 해보려고. 코딩 열심히 해서 아빠 일도 도와주고 로블록스 같은 게임 하나 만들어보려고 했는데 챗GPT 때문에 약간 정체성에 혼란은 왔지만 할 건 해야지."

"좋아. 커서 뭐가 될지, 무슨 일을 할지는 차차 생각해보기로 하자. 아빠도 암호학을 전공했지만 지금은 환경 쪽 일을 하고 있듯이 무엇을 배웠느냐가 무슨 일을 하는지와 항상 일치되는 것은 아닐 수도 있어.

다만 한 가지 기억해야 할 것은 무엇을 하고 싶으냐야. 아빠도 생성AI를 접하면서 미술가가 될 수 있겠다는 희망을 가졌는데 막상 그리려고 하니 '내가 그리고 싶은 것이 뭐지?'에서 막혔거든. 나중에 커서 하고 싶은 것, 내년에 하고 싶은 것, 내일 하고 싶은 것, 심지어는 지금 당장 하고 싶은 것 등 하고 싶은 것이 무엇인지 정하는 것이 매우 중요해."

우리 스스로 한번 생각해볼 필요가 있다. 내 꿈이 뭐였는지, 꿈이 있었던 적이 있긴 했는지, 지금 꿈이 무엇인지 등 곰곰이 생각해보면 내가 꿈꿔왔던 삶과 현실이 일치하지 않는 경우가 많다. 주변의 젊은 사람들에게 꿈이 있는지 물어보았는데 생각 외로 구체적인 꿈이 없는 사람들이 많았다. 제율이한테도 친구들이 어떤 꿈을 가지고 있는지 물어봐달라고 했는데 "요즘 친구들 꿈 별로 없어, 아빠!"라는 답변이 돌아왔다.

꿈은 지금 당장 구체적이지 않아도 된다. 환경과 상황에 따라 변하니까 잘 대응하면서 가도 된다. 다만, 거창한 꿈까지는 아니더라도 내가 원하는 게 무엇인지는 꼭 있어야 한다. 책을 쓰는 내내 제율이와 함께했다. 중간중간 책 내용도 보여주고 챗GPT나 미드저니 같은 생성AI를 직접 활용하도록 알려주기도 했다. 그래서 챗GPT가 내가 필요한 곳에 활용할 수 있는 도구라는 인식은 일부 가지고 있다.

질문을 잘하면
더 멋진 답이 나오지!

챗GPT가 답변을 생성하는 원리가 학습했던 여러 가지 경우 중 확률적으로 가장 적합한 것으로 답변한다고 언급한 바 있다. 챗GPT에는 답변을 미세하게 조정할 수 있는 하이퍼 파라미터라는 것이 있다.

"나는 OOO가 OOO를 OO했으면 좋겠어. OOO에 들어갈 예시 들어줘"라고 챗GPT에게 질문하였더니 "나는 나의 아버지가 나를 이해해주었으면 좋겠어"라는 답변이 나왔다.

이번에는 같은 질문에 'temperature'라는 하이퍼 파라미터를 넣어서 "나는 OOO가 OOO를 OO했으면 좋겠어. OOO에 들어갈 예시를 들어줘. temperature 0.01"이라고 물어보았다. 답변은 아래와 같다.

"나는 엄마가 아빠를 사랑했으면 좋겠어."

"나는 나의 친구가 세상을 행복하게 만들었으면 좋겠어."

"나는 나의 멘토가 나를 인정해줬으면 좋겠어."

"나는 나의 아이돌이 나를 알아주었으면 좋겠어."

"나는 나의 짝사랑이 나를 보고 웃어줬으면 좋겠어."

이번에는 temperature값을 조정해서 "나는 OOO가 OOO를 OO했으면 좋겠어. OOO에 들어갈 예시 들어줘. temperature 0.99"라고 물어보았더니 다음과 같은 답변이 나왔다.

"나는 해외여행을 좋아하는 친구가 나를 데리고 세계 일주를 해주었으면 좋겠어." "나는 지금 바쁜 친구가 시간을 내어 나에게 마음껏 이야기해준다면 좋겠어." "나는 열심히 일하는 부모님이 편히 쉴 수 있는 여행을 해주었으면 좋겠어." "나는 날마다 바쁘게 일하는 연인이 나를 위해 하루쯤은 쉬어준다면 좋겠어." "나는 나의 애완동물이 인간처럼 말을 할 수 있다면, 얼마나 좋을까."

말 그대로 답변에 온도차가 났다. 하이퍼 파라미터 temperature는 답변하는 글의 온도를 설정하는 파라미터로 0부터 1 사이의 값으로 정하며 질문하는 글에 temperature라고 쓴 뒤 0과 1 사이의 숫자를 입력하면 된다. 값이 0에 가까울수록 사실에 가까운 답변을 하고 1에 가까울수록 좀 더 창의적인 글에 가깝게 답변을 한다. 1에 가까울수록 좀 더 글을 지어낸다는 말이다. 챗GPT의 기본 temperature 설정값은 1.0이다. 만약 좀 딱딱할 순 있지만 보수적인 답변을 원하는 경우 temperature값을 0에 가깝게 설정해주면 된다.

챗GPT에는 temperature 외에 다양한 하이퍼 파라미터가 있으며 어떠한 종류들이 있는지는 "챗GPT에서 활용할 수 있는 하이퍼 파라미터의 종류와 의미, 사용법 예시 알려줘"라고 챗GPT에게 물어보면 확인할 수 있다.

챗GPT가 등장하면서 질문하는 것 자체가 기술이 되어 여러 회사에서 고액 연봉을 제시하면서 프롬프트 엔지니어Prompt Engineer를 채용하는 사례가 점점 늘고 있다. 챗GPT는 자연스럽게 자연어로 질문해도 답변하는 데에 아무런 문제가 없다. 그런데 질문을 더 잘하면 조금 더 원하는 답변을 구체적으로 얻을 확률이 높아진다.

챗GPT에게 질문할 때 원하는 답변의 형식을 지정하는 것도 가능하다. 예를 들어 "멸종동물의 이름과 멸종시기, 주요서식지, 멸종사유에 대해 5가지 알려주세요"라고 질문하면 요청한 대로 이름, 멸종시기, 주요서식지, 멸종사유를 열거해준다. 사실 답변한 멸종동물의 이름들이 대부분 처음 보는 것들이라 사실을 대답한 것인지 지어낸 결과인지 살짝 의심이 들긴 했다. 결과의 팩트를 설명하고자 함이 아니니 독자들이 감안하면 좋겠다.

1. 멸종동물: 다도(Dodo)

▶ 멸종시기: 1681년

▶ 주요서식지: 모리셔스섬

▶ 멸종사유: 인간의 도래로 무차별적인 사냥과 외래생물의 서식으로 인해 서식지가 파괴되었다.

2. 멸종동물: 승마용 마차사슴(Tarpan)

▶ 멸종시기: 1909년

▶ 주요서식지: 유럽

▶ 멸종사유: 인간의 사냥, 서식지 파괴, 교잡종과의 교배로 인해 멸종되었다.

3. 멸종동물: 스텔러의 바다소(Steller's sea cow)

▶ 멸종시기: 1768년

▶ 주요서식지: 북태평양

▶ 멸종사유: 인간의 과도한 사냥으로 인해 인구수가 급격히 감소하여 멸종되었다.

4. 멸종동물: 쿠아겔마(Quagga)

▶ 멸종시기: 1883년

▶ 주요서식지: 남아프리카

▶ 멸종사유: 무차별한 사냥, 서식지 손실, 경쟁으로 인해 인구수가 급격히 줄어 멸종되었다.

5. 멸종동물: 카스피안 호랑이(Caspian tiger)

▶ 멸종시기: 1970년

▶ 주요서식지: 서아시아

▶ 멸종사유: 인간의 사냥, 서식지 파괴, 먹이 연쇄의 붕괴로 인해 인구수가 급격히 감소하여 멸종되었다.

멸종동물의 이름과 종, 멸종시기, 멸종사유에 대해 5가지 알려주세요. 멸종사유는 100자 이내로 만들고 멸종동물의 이름은 영어이름과 한글표기를 같이 적습니다. Please Generate in Table format with 5 columns. Column 1: '멸종 동물', Column 2: '종', Column 3: '멸종시기', Column 4: '주요서식지', Column 5: '멸종사유'

멸종 동물	종	멸종시기	주요서식지	멸종사유
다도(Dodo)	Raphus cucullatus	1681년	모리셔스섬	인간의 도래로 무차별적인 사냥과 외래 생물의 서식으로 인해 서식지가 파괴되었다.
승마용 마차사슴 (Tarpan)	Equus ferus ferus	1909년	유럽	인간의 사냥, 서식지 파괴, 교잡종과의 교배로 인해 멸종되었다.
스텔러의 바다소 (Steller's sea cow)	Hydrodamalis gigas	1768년	북태평양	인간의 과도한 사냥으로 인해 인구수가 급격히 감소하여 멸종되었다.
쿠아겔마(Quagga)	Equus quagga quagga	1883년	남아프리카	무차별한 사냥, 서식지 손실, 경쟁으로 인해 인구수가 급격히 줄어 멸종되었다.
카스피안 호랑이 (Caspian tiger)	Panthera tigris virgata	1970년	서아시아	인간의 사냥, 서식지 파괴,

표 형태로 정리해달라고 요청한 결과

그런데 같은 질문을 이번에는 표 형태로 만들어달라고 지시했더니 같은 내용이지만 표 형태로 정리된 결과를 얻었다.

챗GPT에게 질문할 때 하이퍼 파라미터를 설정하거나 답변 형식을 지정해서 요청하는 것은 질문하는 기술이라기보다 툴 사용법에 가깝다. 즉, 이것은 기능을 배우고 습득하면 누구든 활용하는 데에 문제가 없다. 물론 자기만의 독특한 방식으로 훌륭한 답을 이끌어내는 프롬프트를 개발할 수 있다. 질문을 잘하는 프롬프트 엔지니어를 뽑는 기업이 점점 많아지기 시작했을뿐더러 잘 만들어진 질문을 사고파는 마켓플레이스도 벌써 등장했다. 이제는 말만 잘하면 취직도 되고 말 잘하는 것을 상품화해서 마켓에서 거래도 할 수 있다.

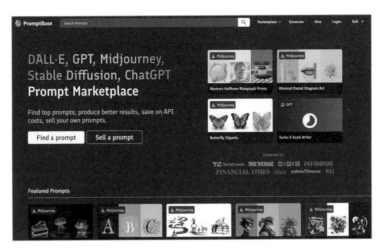

프롬프트 마켓플레이스 예시

챗GPT 등 생성AI를 활용하는 기술은 질문하는 기술이기도 하며 또한 대화하는 기술이기도 하다. 아무런 사전정보가 필요 없는 질문은 질문 기술이 중요하지만 나에게 꼭 맞는 답변을 얻기 위해서는 사전정보를 주는 대화를 먼저 한 후 질문하는 것이 좋다.

그렇다고 사전정보를 주기 위해 열심히 타이핑할 필요는 없다. 기사에 났던 내용이나 회사 브로셔를 사진 찍어서 보여주는 등 할 수 있는 만큼 정보를 준 후 원하는 질문을 하면 된다.

필자는 얼마 전 회사에서 새로운 서비스 오픈 행사를 하였는데 서비스 관련 자료와 오픈 행사 주요 참석자, 오픈식에서 할 주요 프로그램을 챗GPT에게 알려준 뒤 행사의 식순과 처음부터 끝까지 사회자가 진행할 멘트, 환영사 그리고 오픈 행사 관련 보도자료 등을 만들어달라고 했다. 챗GPT가 만들어준 초안에서 5% 정도만 내가 원하는 문구로 수정하고 그대로 사용할 수 있었다. 챗GPT는 서비스 관련 자료에서 우리가 핵심 메시지로 만들었던 내용들과 회사 비전 등을 적절히 조합하여 정말 쓸모 있는 문구를 보여줘 다시 한번 놀라게 했다.

이와 같은 내용과 예시를 보여주며 아들에게 질문하는 것이 능력이 되고 대화를 잘하는 것 또한 경쟁력이 될 수 있음을 들려주었는데 다행히 아들이 이번에는 100% 수긍하였다. 제율이는 원래 대화하는 것과 논리싸움하는 것을 좋아해서 그런 것 같다.

좋은 질문을 하려면
공부가 필요해

질문도 아는 것이 있어야 할 수 있다. 챗GPT는 대화형 인공지능이다. 기본적으로 챗GPT와는 단순히 질문해서 답을 얻기보다는 대화하면서 원하는 것을 구체화해나가는 것이다. 잘 만든 질문 하나가 상품이 되어 사고파는 세상에 진입한 만큼 질문을 잘하려면 뭔가 아는 것이 풍성해야 한다. 이것은 스킬이 아니라 지식이다. 예를 들어 미드저니로 그림을 그린다고 할 때 그림을 표현하는 다양한 스타일이 있다.

isometric anime	ornamental watercolour	dripping art
analytic drawing	dark fantasy	stained glass portrait
infographic drawing	paper cut craft	graffiti portrait
coloring book	paper quilling	winter oil painting
diagrammatic drawing	patchwork collage	anime portrait
diagrammatic portrait	iridescent	cinematographic style
double exposure	ukiyo—e art	typography art
2D illustration	watercolour landscape	one—line drawing
isometric illustration	op art	polaroid photo
pixel art	Japanese ink	tattoo art
futuristic style	pastel drawing	

이런 다양한 스타일 중 몇 가지만 예를 들어 작업을 해보았다.

2D illustration potrait of Einstein

paper cut craft potrait of Einstein

graffiti wall potrait of Einstein　　　　　Typography potrait of Einstein

　　같은 아인슈타인의 초상화를 그려도 스타일 지정을 나르게 하면 전혀 다른 느낌의 초상화를 얻을 수 있다. 이렇게 스타일을 정하려면 그림 그리는 다양한 스타일에 관한 기본 지식이 있어야만 가능한 것이다.

나쁜 질문을 하면
챗GPT가 나쁜 학습을 하게 돼

　　　　　　　　　　　　　네이버나 구글 등 검색엔진에 좋지 않은 단어로 검색을 해본 경험은 누구에게나 있다. 그냥 호기심이었을 수도 있고 진짜 궁금했을 수도 있다. 검색엔진의 결과는 유해한 정보인 경우 유해정보차단솔루션이 해당 정보를 막거나 정부 산하기관에서 이러한 사이트를 매번 찾아서 차단하는 등의 노력을 하는데도 지속적으로 생겨났다 없어지기를 반복한다. 그런데 검색 해서 원하는 결과가 나왔다고 해도 거기서 끝이다. 다음 번에 같은 종류의 데이터를 얻고자 하면 새로 검색어를 입력해 찾아야 한다. 하지만 챗GPT는 나와의 대화를 학습한다. 그리고 유추해서 해석 하고 조언하는 기능 또한 있다.

그런데 문제는 아들에게 나쁜 질문을 하지 않도록 통제할 수 없 다는 것이다. 호기심이 가득한 청소년이 챗GPT가 아니더라도 수많 은 사이트에서 자기가 궁금한 것이 있으면 이미 다 경험하고 원하 는 것을 취했을 것이다. 그래서 아들에게 이 또한 솔직하게 털어놓 고 대화를 하였다. 나쁜 대화는 나쁜 답변을 만들어낼 수 있다고 가볍게 알려주었다.

결국 인성교육이 답이라는 생각이다. "너는 착한 사람이 되어 야 해" 하는 식의 인성교육은 어차피 의미가 없다. 책을 읽을 기회 를 만들어주고 대화를 많이 하고 가능하면 공감하며, 무엇보다 부 모가 올바른 생각과 행동으로 자식들과 함께하는 것만이 가정에서 할 수 있는 인성교육이 아닐까 한다.

결국 정답은 내 안에 있어

필자는 처음부터 결론이 이렇게 날 수밖에 없다고 생각했다. '챗GPT는 무엇인데 이런 걸 할 수 있고 저런 걸 할 수 있지만 이런 문제도 있고 저런 문제도 있어. 그러니까 네가 알아서 해.' 허무하지만 이렇게 결론을 맺는 게 최선이다. 왜냐하면 결국 모든 것은 자기가 느껴야 제대로 알 수 있기 때문이다.

중고등학교를 다닐 때 영어, 수학이 중요하다는 말을 엄청 많이 들었다. 그때 나는 수학은 좋아했지만 영어는 별로 좋아하지 않았다. 당연히 수학은 열심히 했고 영어는 덜 열심히 했다. 그런데 30년이 넘게 지났는데도 나는 여전히 아들에게 영어, 수학이 중요하다고 말하고 있었다. 아마 제율이도 마찬가지일 것이다. 자기가 좋아하면 할 테고 내키지 않으면 아무리 말하고 학원에 보내도 원하는 결과를 얻기 어려운 법이다.

아이에게 유해차단앱을 설치한 스마트폰을 준 적이 있다. 도대체 무슨 생각으로 그랬는지 지금은 잘 모르겠다. 이제는 어떤 통제를 가해도 아들은 마음만 먹으면 요리조리 빠져나갈 것이다. 챗GPT의 등장으로 아들은 분명 숙제를 간편하게 하기도 하고 호기심에 찬 질문도 하겠지만 어쩔 수 없다. 아들의 결정을 존중하고 맡겨야 한다.

챗GPT 빼놓고
우리끼리 맛있는 거 먹으러 갈까?

이 책을 집필하면서 나는 중요한 것 세 가지를 얻었다. 첫 번째로 챗GPT를 얻었다. 챗GPT를 내 업무와 생활에 어떻게 활용하면 되는지 터득한 것이다. 숫자로 따지는 건 어려울 수 있겠지만 챗GPT로 내 업무능력이 세 배 정도는 올라갔다는 판단이다. 두 번째로 나 자신을 얻었다. 일에만 몰두하면서 살다 보니 나 자신을 챙길 마음의 여유가 없었다. 그런데 챗GPT 덕분에 내가 정말 좋아하는 것을 할 수 있게 되었다는 측면에서 너무 반가웠다.

모두 예상하겠지만 마지막으로 얻은 것은 '아들'이다. 아들의 질문으로 시작해서 집필까지 하게 된 것은 내 인생의 행운이자 아들로서도 오랫동안 기억에 남는 사건이 될 것 같다.

제율이를 혼란에 빠뜨렸던 "내가 뭘 해야 하지?"에 대한 답을 제율이가 얻었는지는 알 수 없다. 하지만 집필 과정을 함께하며 토론하고 공감하고 비판도 많이 했다. 어제는 도덕 숙제로 파워포인트를 만드는 작업을 하길래 편하게 챗GPT를 이용해도 된다고 알려주었다. 어차피 하지 말라고 해서 안 하고 하라고 해서 하는 나이는 아니지 않은가?

"제율아, 숙제 다 했으면 챗GPT 빼놓고 우리끼리 순대국 먹으러 갈까?"

감사의 글

책을 쓰고 싶다는 생각은 늘 했지만 어떻게 시작해야 할지 몰라 나오는 동떨어진 것이라 생각했다. 늘 메모장에 긁적긁적 글을 적어놓긴 했지만 책으로 펴내는 것은 아무나 하는 일이 아니라고도 생각했다.

첫 번째로 감사하고픈 대상은 나의 오래 친구이자 사업의 동반자인 김경진 대표이다. 김경진 대표는 냉정한 분석으로 이성적인 판단을 하며 나에게 언제나 진심 어린 조언을 아끼지 않는다. 함께 회사를 경영하면서 스타트업이라 한창 바쁜 시기였지만 그 와중에도 "난 네가 책을 썼으면 좋겠어"라고 말해준 것이 큰 힘이 되었다. 만약에 친구가 "올해는 바쁘니까 바쁜 것 지나가고 쓰면 어때?"라고 했으면 난 아마 또다시 올해를 그냥 보내고 말았을 것이다. 늘 바쁠 테니까.

집필을 결정적으로 도와준 사람은 『NFT는 처음입니다』의 저자이자 우리나라 최고의 미디어 팝아티스트인 김일동 작가이다. 김일동 작가는 늘 나에게 예술가의 피가 흐르고 있다고 격려해주었고 베스트셀러 작가의 경험을 바탕으로 출판을 어떻게 하면 되는지 구체적으로 가이드를 해주었다. 특히 김일동 작가의 매니지먼트를 총괄하는 김서진 대표님의 활기찬 응원은 아직도 귀에 선하다.

집필 활동에 제대로 불을 댕겨준 분은 ㈜스페이스알파의 김학열 대표님이다. 능률협회 마케터 출신으로 그 누구보다도 스토리텔링이 강한 김 대표님은 이 책의 스토리텔링을 감수해주고 책 출간과 함께 교육사업으로 확대할 수 있는 아이디어까지 제공해 책 출간의 연속성을 이어갈 기반을 마련해주었을 뿐 아니라 후속 책 출간 스토리까지 조언하는 등 마음을 다해주셨다. 깊이 감사드린다.

칭찬은 고래도 춤추게 한다고 했던가!

집필 과정은 쉽지 않았다. 문제는 시간이었다. 책을 집필하기 시작하면서 회사일이 점점 잘되어 더 바빠졌다. 특히 민간주도의 탄소감축을 위해서 고군분투하는 사단법인 SDX재단과의 인연은 내 사업과 더불어 의미 있는 공동체 생활에 합류할 기회를 열어주었고 그 과정에서 재단의 전하진 이사장님과 서강대학교 김미성 교수님을 만난 건 행운이다. 두 분의 격려와 칭찬 그리고 에너지 넘치는 응원은 나에게 책 집필도, 재단 활동도, 내 사업도 모두 흥이 넘치게 만들었다. 전하진 이사장님과 김미성 교수님께 또한 무한 감사를 드린다.

바쁘신 와중에도 원고를 꼼꼼히 읽으시고 진심을 담아 추천사를 써주신 유기풍 한국전력국제원자력대학원대학교 총장님과 임인배 전 국회과학기술정보통신위원회 위원장님, SDX재단 전하진 이사장님, 전 김영편입학원 김영택 회장님, 엄준하 한국HRD협회 회장님, 김일동 작가님, 심예서 국제가상자산위원회 한국회장님, 소요초등학교 이선희 선생님께 깊은 감사를 드린다.

내 책의 주인공이 되었고, 책을 집필해야겠다는 강한 동기부여를 해준 아들 제율에게 고맙다는 말을 전한다. 또한 책을 집필하느라 집에 소홀함이 있었을 텐데 묵묵히 참아주고 격려해준 집사람과 멀리서 항상 아빠를 응원해주는 딸 모두 고맙다.

끝으로 첫 출간이지만 흔쾌히 받아주시고 열정적으로 교정과 편집, 책에 대한 아이디어를 협의해주신 평단 편집팀과 멋지게 출간을 마무리해주신 최석두 대표님께 감사드린다.